W0405939

MensSana

Von Erich Bauer sind bei Knaur ebenfalls erschienen:
Alles über das Sternzeichen Stier
Alles über das Sternzeichen Zwillinge
Alles über das Sternzeichen Krebs
Alles über das Sternzeichen Löwe
Alles über das Sternzeichen Jungfrau
Alles über das Sternzeichen Waage
Alles über das Sternzeichen Skorpion
Alles über das Sternzeichen Schütze
Alles über das Sternzeichen Steinbock
Alles über das Sternzeichen Wassermann
Alles über das Sternzeichen Fische

Über den Autor:
Erich Bauer, geb. 1942, von der BILD-Zeitung zu Deutschlands »Kultastrologen« erhoben, sagt täglich Millionen Menschen, wie der Mond steht und was er bewirkt. In diesem Buch geht er ins Detail und verrät die günstigsten Zeitpunkte.
Er ist Chefastrologe der weltweit größten Astrologie-Zeitschrift »Astrowoche«, bekannt durch regelmäßige astrologische Beiträge in Zeitschriften, Radio und im Fernsehen und Verfasser zahlreicher Veröffentlichungen über Astrologie und verwandte Themen. Erich Bauer betreibt eine eigene astrologisch-therapeutische Praxis in München und führt astrologische Seminare und Einzelsitzungen durch.

Erich Bauer

Alles über das Sternzeichen

WIDDER

21. 3. – 20. 4.

MensSana

Besuchen Sie uns im Internet: www.knaur.de
Alle Titel aus dem Bereich MensSana finden Sie im Internet unter
www.mens-sana.de

FSC
www.fsc.org
MIX
Papier aus verantwortungsvollen Quellen
FSC® C083411

Überarbeitete Neuausgabe November 2010
Knaur Taschenbuch. Ein Unternehmen der Droemerschen Verlagsanstalt
Th. Knaur Nachf. GmbH & Co. KG, München
Copyright © 2010 Knaur Taschenbuch
Alle Rechte vorbehalten. Das Werk darf – auch teilweise –
nur mit Genehmigung des Verlags wiedergegeben werden.
Redaktion: Ralf Lay
Abbildungen: Erich Bauer
Umschlaggestaltung: ZERO Werbeagentur, München
Umschlagabbildung: FinePic®, München
Satz: Wilhelm Vornehm, München
Druck und Bindung: CPI – Clausen & Bosse, Leck
Printed in Germany
ISBN 978-3-426-87513-1

2 4 5 3 1

Widder

21. März bis 20. April

DIE FAKTEN

Element *Feuer*
Drängend und belebend. Konkurrenz fördert, Hindernisse fordern heraus.

Qualität *Kardinal*
Anspruch auf Führerschaft, Durchsetzung, Ungeduld.

Polung *Plus*
Männlich, Yang, aktiv, nach außen, extravertiert.

Symbolik Der *Widder*, ein männlicher Schafbock, steht für Direktheit und Angriffslust, aber auch für Kindlichkeit und Spontaneität.

Zeitqualität
21. März bis 20. April
Der Frühlingsmonat gilt als Ausdruck universell wirkender, drängender, expandierender Energie.

Herrscherplanet *Mars*
Kriegsgott und Symbol der Zeugung.

Stärken

Kämpferisch, idealistisch, dynamisch, fröhlich, spontan

Reiseziele

Stadt Berlin, London, Kopenhagen
Land Irland, Kanada, Burma
Landschaft Wüste, Vulkanlandschaft

Magische Helfer

Farbe Rot
Stein Rubin
Baum Fichte
Tier Wolf
Duft Rosmarin

Die Persönlichkeit

10	Durchsetzung
3	Besitzstreben
7	Kontakt
4	Familie
5	Genuss
2	Pflicht
9	Liebe
2	Bindung
9	Ideale
4	Ehrgeiz
7	Originalität
2	Transzendenz

Inhalt

Teil II – Die ganz persönlichen Eigenschaften

Vorwort

Astrologie ist eine wunderbare Sache
Sie verbindet den Menschen mit dem Himmel, richtet seinen Blick nach oben in die Unendlichkeit. Vielleicht steckt hinter dem Interesse an ihr zutiefst die Sehnsucht nach unserem Ursprung, unserem Zuhause, nach Gott oder wie immer man das Geheimnisvolle, Unbekannte nennen will.

Astrologie ist uralt und trotzdem hochaktuell
Die ersten Zeugnisse einer Sternenkunde liegen Tausende von Jahren zurück. Und dennoch ist sie brandneu. Es scheint, als hätte sie nichts von ihrer Faszination verloren. Natürlich hat sich die Art und Weise astrologischer Beschäftigung verändert. Während früher der Astrologe noch persönlich in den Himmel schaute, studiert er heute seinen Computerbildschirm. Damals konnte man nur von einem Kundigen eingeweiht werden, heute finden sich beinah in jeder Zeitung astrologische Prognosen.

Astrologie ist populär
Jeder kennt die zwölf Tierkreiszeichen. Man kann eigentlich einen x-beliebigen Menschen auf der Straße ansprechen und ihn nach seiner Meinung fragen: Er weiß fast immer Bescheid, sowohl über sein eigenes Sternzeichen als auch über die meisten anderen. Die zwölf astrologischen Zeichen sind Archetypen, die im Unterbewusstsein ruhen und auf die man jederzeit zurückgreifen kann.

Astrologie schenkt Sicherheit
Der Einzelne findet sich eingebettet in einer gütigen und wohlwollenden Matrix, ist aufgehoben, hat seinen Platz, so wie auch alle anderen ihren Platz haben.

Astrologie kann gefährlich sein

Die Astrologie liefert ein perfektes System. Konstellationen, die sich auf Bruchteile von Sekunden berechnen lassen, blenden und machen glauben, man habe es mit einer exakten Wissenschaft zu tun. Genau das ist aber falsch. Die Astrologie ist viel eher eine Kunst oder eine Philosophie. Ihre Vorhersagen sind immer nur ungefähr, zeigen eine Möglichkeit, sind aber kein Dogma. Astrologen wie Ratsuchende driften, wenn sie nicht achtgeben, leicht in eine Pseudowelt ab. In ihr ist zwar alles in sich stimmig, allein es fehlt am validen Bezug zur Wirklichkeit.

Ich bin Astrologe aus Passion

Ich lebe in dieser Welt, aber ich weiß auch, dass sie nicht alles offenbart. Ich freue mich, die Gestirne als Freunde zu haben, und glaube, dass ich so mein Schicksal gütig stimme. Das ist eine Hoffnung, kein Wissen.

Ich wünsche Ihnen beim Lesen Spaß und Spannung – und dass Sie sich selbst und andere besser verstehen.

Erich Bauer, im Frühjahr 2010

Einleitung: Eine kurze Geschichte der Astrologie

Am Anfang jeder Geschichte der Astrologie steht das Bild des nächtlichen, mit Sternen übersäten Himmels. Der Mensch früherer Zeiten hat ihn sicher anders erlebt als wir. Er wusste nichts von Lichtjahren und galaktischen Nebeln. Er erschaute das Firmament eher vergleichbar einem Kind. Und als Kind der Frühzeit sah er sich nicht, wie wir heute, als getrennt von diesem Himmel, sondern als eins mit ihm. Er fand sich in allem und fand alles in sich. Und er folgte dem Rhythmus dieses großen Ganzen, ähnlich wie ein Kind seiner Mutter folgt. Dabei fühlte er sich wohl getragen und geborgen.

Wann die Menschheit anfing, sich aus diesem Gefühl der Allverbundenheit zu lösen, ist schwer zu sagen. Die überlieferten Zeichen sind rar und rätselhaft. Aber als der Homo sapiens begann, die Sterne zu deuten, war er dem großen Ozean seit Äonen entstiegen, er sah sich und den Himmel längst als getrennte Einheiten. Doch kam es irgendwann dazu, dass der Mensch Beziehungen zwischen den Sternbildern und dem Leben auf der Erde wiederentdeckte, deren Kenntnis er eigentlich schon immer besaß. Beispielsweise erlebte er, dass ein Krieg ausbrach, während am Himmel ein Komet auftauchte und die normale Ordnung der Sterne störte. Oder er empfand großes Glück, während sich am Firmament zwei besonders helle Lichter trafen. Er begann solch auffällige Lichter mit Namen zu versehen: »Helios« beispielsweise – oder »Jupiter«, »Mars« oder »Venus«. Er ging sogar dazu über, bestimmte Sterne als Gruppen (Sternbilder) zusammenzufassen und ihnen Namen zu geben, etwa »Widder« oder »Großer Wagen«. Immer wieder beobachtete er typische Gestirnskonstellationen, die parallel zu markanten Ereignissen auf der Erde auftraten. Nach den Gesetzen der Logik entwickelte er aus diesen Zusammenhängen mit der Zeit eine Wissenschaft, die Astrologie, die ihm zum Beispiel die Schlussfolgerung erlaubte, dass auf der

Erde Gefahr droht, wenn Mars in das Tierkreiszeichen Skorpion eintritt. So fand der Mensch allmählich seine verlorene Einheit wieder und baute eine Brücke, die ihn mit seinem Urwissen verband, das er im Inneren seiner Seele aber nie wirklich verloren hatte.

Der Ursprung

Die Urheimat der Sternkunde war nach heutigem Erkenntnisstand Mesopotamien, das Land zwischen den Flüssen Euphrat und Tigris, das jetzt »Irak« heißt. Dort war der menschliche Geist wohl am kühnsten und vollzog als Erster endgültig die Trennung zwischen Mensch und Schöpfung. Die Sterne am Himmel bekamen Götternamen, etwa den des Sonnengotts Schamasch und der Göttin Ischtar, die auch als Tochter der Mondgöttin verehrt wurde und die sich als leuchtender Venusstern offenbarte. Da der Mond, die Sonne und einige andere Lichter im Vergleich zu den Fixsternen scheinbar wanderten, nannte man diese Planeten »umherirrende« oder »wilde Schafe« und unterschied sie von den »festgebundenen« oder »zahmen Schafen« – den Fixsternen, die vom Sternbild Orion, dem »guten Hirten«, bewacht wurden. Der größte Planet des Sonnensystems, mit heutigem Namen »Jupiter«, war im Land zwischen den zwei Strömen ein Sinnbild des Schöpfergottes Marduk. Sein Sohn und Begleiter hieß »Nabu« und wurde später zu »Merkur«. Das rötlich funkelnde Gestirn Mars wiederum war die Heimat des Herrn der Waffen, der genauso als Rachegott angesehen wurde. Saturn war ebenfalls bereits entdeckt worden und wurde als eine »müde Sonne« betrachtet. Außerdem galt Saturn als Gott der Gerechtigkeit, Ordnung und Beständigkeit. Gemeinsam mit anderen Göttern erhob sich schließlich der Rat der zwölf Gottheiten, und damit hatten auch die zwölf verschiedenen astrologischen Prinzipien ihren Auftritt. Zu all diesen Erkenntnissen kam man im Zweistromland etwa zwischen dem 7. und 4. vorchristlichen Jahrhundert.

Man hat Tafeln aus dem 2. Jahrhundert vor Christus gefunden, auf denen Beobachtungen über den Lauf von Sonne, Mars und Venus eingezeichnet waren. Auch Zeugnisse von ersten Geburtshoroskopen stammen aus dieser Zeit. Im Jahr 1847 wurden bei den Ruinen von Ninive 25 000 Tontafeln ausgegraben. Man datierte sie ins Jahr 600 vor Christus. Auf einem Teil dieser Tafeln befinden sich Weissagungen, die, mit etwas Zeitgeist aufgefrischt, ohne weiteres der astrologischen Seite einer modernen Tageszeitung entstammen könnten: »Wenn Venus mit ihrem Feuerlicht die Braut des Widders beleuchtet, dessen Schwanz dunkel ist und dessen Hörner hell leuchten, so werden Regen und Hochflut das Land verwüsten.«

Das ist eine »professionelle« astrologische Vorhersage. Damit war Spezialistentum an die Stelle einer ganzheitlichen Naturerfahrung getreten. Denn inzwischen hatte nur der fachkundige Astrologe die Zeit und das Wissen, den Himmel zu studieren, um daraus Rückschlüsse auf die Ereignisse im Weltgeschehen zu ziehen. Bald musste dieser Fachmann auch nicht einmal mehr den Himmel selbst beobachten. Spätestens im 1. Jahrhundert vor Christus gab es Ephemeriden. Das sind Bücher, aus denen die Stellung der Gestirne zu jeder beliebigen Zeit herausgelesen werden kann. Die Astrologie, wie sie auch heute noch betrieben wird, war damit endgültig geboren.

Die Blüte

In den nun folgenden anderthalbtausend Jahren erlebte die Astrologie eine Blütezeit kolossalen Ausmaßes. Dafür steht ein so bedeutender Name wie Claudius Ptolemäus. Er lebte im 2. Jahrhundert nach Christus und vertrat das geozentrische Weltbild mit der Erde im Mittelpunkt, auf das sich die Menschheit nach ihm noch länger als ein Jahrtausend beziehen sollte. Er war Geograph, Mathematiker und ein berühmter Astrologe und Astronom, der das bis in unsere Zeit fast unveränderte Regelwerk der Astrologie

verfasste, den *Tetrabiblos*, welcher aus vier Büchern besteht. Darin riet er zu einer sorgfältigen Gesamtschau des Geburtshoroskops. Er erwähnte auch, dass man bei der Beurteilung eines Menschen ebenso dessen Milieu und Erziehung berücksichtigen solle, was einer modernen ganzheitlichen psychologischen Betrachtungsweise entspricht.
Eine spätere Berühmtheit in der Geschichte der Astrologie war Philippus Theophrastus Bombastus von Hohenheim (1493–1541), der sich selbst stolz »Paracelsus« nannte. Er war Arzt, Alchemist sowie Philosoph, und von ihm stammt jener von Astrologen so viel zitierte Satz: »Ein guter Arzt muss immer auch ein guter Astronomus sein.« Dazwischen lebte der Bischof lsidor von Sevilla (560–636). Er schrieb, ein Arzt solle immer auch sternkundig sein. Erwähnt werden muss natürlich die berühmte weibliche Vertreterin einer sternenkundigen Heilkunst Hildegard von Bingen (1098–1179). Sie war fasziniert von den Analogien zwischen Himmel und Erde, sammelte Kräuter, pflanzte sie im Klostergarten an und schrieb über die Wirkung der Mondphasen. Sicher war die heilige Hildegard nicht der einzige weibliche astrologisch denkende Mensch. Aber ihr Name sei hier stellvertretend genannt für all die Frauen, die als Tempelpriesterinnen, Nonnen und angebliche Hexen ihr ganzheitliches Wissen über die Jahrhunderte hinweg weitergegeben haben.
Bis ins 16. Jahrhundert dauerte die Hoch-Zeit der Astrologie. Beinah alle angesehenen Denker – wie Platon und Aristoteles im Altertum, Naturwissenschaftler wie Nikolaus Kopernikus (1473–1543), Johannes Kepler (1571–1630) und Galileo Galilei (1564–1624) – dachten astrologisch und berechneten auch Horoskope. Am bekanntesten ist das von Kepler angefertigte Horoskop Wallensteins aus dem Jahr 1608. Die Astrologie wurde an den Universitäten gelehrt, und auch viele Bischöfe und einige Päpste förderten die Sternkunde. Wie es heute selbstverständlich ist, dass ein Naturwissenschaftler Einsteins Relativitätstheorie kennt und versteht, so war damals jeder denkende Kopf in der Astrologie bewandert.

Der Niedergang

Bereits Ende des 16. Jahrhunderts hatte die Astrologie ihren guten Ruf in vielen Ländern Europas verloren. Es gab päpstliche Anordnungen wie die Bulle »Constitutio coeli et terrae« von 1586, in der ein Verbot der Astrologie ausgesprochen wurde, und die meisten Universitäten schafften ihren Lehrstuhl für Astrologie ab.

Worauf war dieser rapide Niedergang zurückzuführen? Es gibt sicher zahlreiche Gründe. Der wichtigste ist, dass sich der menschliche Geist von den Fesseln tradierter Vorstellungen zu befreien begann. Er löste sich mit der Reformation von Rom und später mit der Französischen Revolution von seinen königlichen und kaiserlichen »Göttern«. Da war es nur konsequent, sich auch von den »Göttern am Himmel« loszusagen. Der zweite Grund war der, dass sich im Laufe der Zeit grobe Fehler astrologischer Vorhersagen herumsprachen. So hatte es wohl keine Prophezeiung gegeben, die den Dreißigjährigen Krieg oder die Pest rechtzeitig in den Sternen sah. Der dritte Grund wird häufig von den professionellen Astrologen angeführt. Sie behaupten, dass die falschen Propheten, also die unseriösen Astrologen, der wahrhaften Sterndeutekunst das Aus bescherten. Eine Kunst wie die Astrologie lockt natürlich auch faustische Gestalten an, die davon besessen sind, dem Schicksal einen Schritt voraus zu sein. Solche Schwarmgeister und falsche Propheten haben der Astrologie bestimmt geschadet, besonders auch, weil durch die Erfindung der Buchdruckerkunst jede selbst noch so törichte Prophezeiung in einer hohen Auflage verbreitet werden konnte. Aber den guten Ruf der Astrologie haben letztlich auch sie nicht ruiniert.

Nein, es waren die Astrologen selbst. Als im 16. und 17. Jahrhundert durch immer neue Entdeckungen die Erde ihre zentrale Stellung verlor und sich ein völlig neues naturwissenschaftliches Verständnis durchsetzte, versuchte die Astrologie mitzuhalten und verlor wegen ihrer unhaltbaren Thesen jeden Kredit in den gelehrten Kreisen. Schon Kepler, der seiner Zeit um Jahrzehnte voraus war, hatte die Astrologen gewarnt und ihnen geraten, ihre Kunst nicht auf einen naturwissenschaftlichen, sondern auf einen philosophischen Boden zu stellen. Er sagte, es sei unmöglich, zu denken, dass die Sterne mittels irgendwelcher Strahlungen die menschliche Seele berühren könnten. Er sprach in diesem Zusammenhang von einem astrologischen Instinkt, der im menschlichen Geist verankert sei. Aber sein »psychologischer Ansatz« wurde überhört und ging schließlich völlig unter. Die Astrologen sahen sich im Gegenteil dazu veranlasst, immer hanebüchenere »wissenschaftliche« Thesen aufzustellen. Die Folge war ein gewaltiges Gelächter der gesamten gelehrten Welt im 17. Jahrhundert, das bis heute noch nicht verklungen ist.

Der Neubeginn

Erst im 19. und dann besonders im 20. Jahrhundert besann sich der Mensch wieder vermehrt seiner fernen Vergangenheit. Der Schweizer Psychiater C. G. Jung etwa sagte, dass die Astrologen endlich darangehen müssten, ihre Projektionen, die sie vor Jahrtausenden an den Himmel geworfen hätten, wieder auf die Erde zurückzuholen. In jeder menschlichen Seele seien die Kräfte der astrologischen Archetypen, der archaischen Urbilder, enthalten und dort wirksam. So wird der Raum am Himmel mit den Zeichen und Planeten zu einer Landkarte menschlicher Anschauung. Dabei ist es nicht so, dass zum Beispiel der Planet Mars die Geschicke *bestimmt*, sondern er *zeigt* durch seine Position den Gesetzen der Analogie folgend *auf*, was in der menschlichen Seele vor sich geht.

Nach seiner jahrtausendelangen Reise heraus aus der Allverbundenheit hat der Mensch also begonnen, den Bezug zu seinen Ursprüngen wiederherzustellen. Er besinnt sich als kritischer und freier Geist auf das, was schon immer in ihm vorhanden war. Damit beginnt die Ära einer psychologischen oder philosophischen Astrologie. Und das ist auch die Geburtsstunde einer Astrologie, die ganzheitlich denkt und arbeitet.

In etwa parallel zu dieser allmählichen Hinwendung zur Psychologie und Philosophie übernahmen Computer mit entsprechender Software den komplexen Rechenvorgang zur Erstellung eines Geburtshoroskops. Bis vor vielleicht zehn, zwanzig Jahren gehörte es zum Standardkönnen eines jeden Astrologen, Horoskope zu berechnen und zu zeichnen. Dies ist sehr wahrscheinlich einer der Gründe, warum Frauen unter den Sterndeutern damals deutlich in der Minderzahl waren. Es ist einfach nicht ihr Metier, sich mit trockenen Zahlen und komplizierten Berechnungen herumzuschlagen, wo es doch um seelische Vorgänge geht – und diese Feststellung ist in keiner Weise abwertend gemeint, denn heute sind Frauen unter den Astrologen bei weitem in der Überzahl.
Der PC spuckt nach Eingabe von Name, Geburtsdatum, -ort und -zeit in Sekundenschnelle das Horoskop aus. Die astrologische Kunst scheint jetzt »nur« noch darin zu bestehen, die Konstellationen richtig zu deuten. Und auch hier ersetzt der Computer mehr und mehr den Astrologen. Es gibt schon seit einigen Jahren Programme, die mit entsprechenden Textbausteinen zu bemerkenswert treffenden Aussagen kommen. Ist dies nun das Ende der Sterndeuter? Ich meine: im Gegenteil! Überlassen wir dem »Computer-Astrologen« ruhig die Grundarbeit. Das spart Zeit. Dafür kann der »Mensch-Astrologe« die einzelnen Fakten im Sinne einer ganzheitlichen Schau zusammentragen und sich völlig dem Verständnis der einmaligen, individuellen Persönlichkeit widmen. Ebendafür ist ein großes Maß an Intuition, die ja gerade eine weibliche Stärke ist, mit Sicherheit von Vorteil.

Teil I

Das Tierkreiszeichen

Wichtiges und Grundsätzliches

Die Erde dreht sich bekanntlich einmal im Jahr um die Sonne. Von uns aus gesehen, scheint es aber so zu sein, dass die Sonne eine kreisförmige Bahn um die Erde beschreibt. Der Astrologie wird vielfach vorgeworfen, sie ignoriere diesen grundlegenden Unterschied. In Wirklichkeit ist er für die astrologischen Horoskopdeutungen jedoch nicht von Bedeutung.
Diesen in den Himmel projizierten Kreis nennt man »Ekliptik«. Die Ekliptik wird in zwölf gleich große Abschnitte gegliedert, denen die Namen der zwölf Stern- bzw. Tierkreiszeichen zugeordnet sind. Zwischen dem 21. März und dem 20. April durchläuft die Sonne gerade den Abschnitt Widder, weswegen dieses Tierkreiszeichen auch das »Sonnenzeichen« genannt wird.
Beginnen wir jetzt mit der Betrachtung des Sonnen- oder Tierkreiszeichens, dem dieser Band gewidmet ist, um zunächst einmal herauszufinden, was denn nun »typisch Widder« ist.

Wie wird man ein Widder?

Kinder des Himmels

Wer Anfang November, gegen Mitternacht, in südlicher Richtung nach dem Sternbild des Widders sucht, braucht ein scharfes Auge, um das unscheinbare Zeichen zwischen Fische und Stier zu entdecken.
Vielleicht formt seine Phantasie aus den vier Sternen ein Horn, das zu einem Widder passen könnte, so wie es auch vor ihm Albrecht Dürer (1471–1528) und andere Maler getan haben, die eine Abbildung des Himmels gestalteten. Möglicherweise wird er aber auch von der Winzigkeit des Widderzeichens dazu veranlasst, am Himmel einige Samenkörner zu erkennen.
Mit dem Widder beginnt der Tierkreis. Er ist der Anfang, der Same, der in seiner Entwicklung durch die anderen elf Stationen des Tierkreises aufgehen und sich erfüllen will.

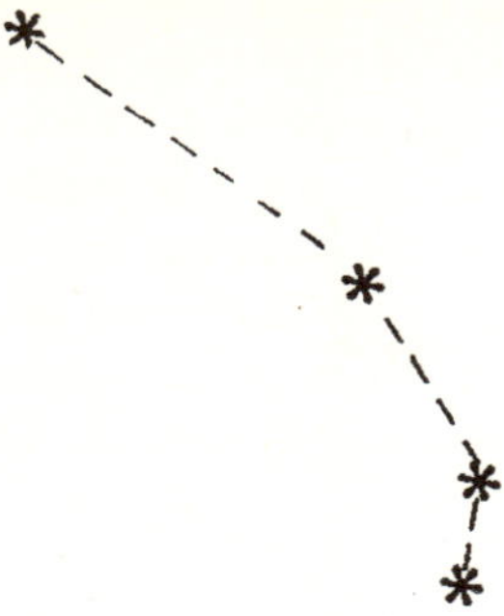

Kinder ihrer Jahreszeit

Jedes Jahr am 21. März springt die Sonne in den Frühling. Der Tag überholt die Nacht und lässt sie von nun an immer weiter hinter sich zurück. Die Natur entwickelt ihre größte Kraft: Gleichzeitig und überall drängt sie nach außen, schiebt zur Seite, was ihr den Weg versperrt, wächst, grünt, blüht – platzt in die Welt, als wäre der Frühlingsbeginn ein Startsignal für einen Wettlauf zum Licht. Zu keiner anderen Zeit ist die Natur so drängend, expansiv, fast erobernd und rücksichtslos. Sie feiert ihr größtes Fest: die Geburt einer neuen Welt.

Im Reich der Tiere werden Stellungskämpfe ausgetragen. Immer geht es dabei darum, wer der Stärkere ist. Die Verlierer müssen fliehen oder werden auf schlechtere Rangplätze im Rudel verwiesen. Und der Sieger? Er hat die vergnügliche Pflicht, seine Erbmasse weiterzugeben.

Kinder der Kultur

Das wichtigste Frühjahrsfest ist Ostern, im Christentum die jährliche Gedächtnisfeier der Auferstehung Jesu Christi. Dem Neuen Testament zufolge hat er als Gottes Sohn den Tod überwunden. Das Fest fällt immer auf den Sonntag nach dem ersten Frühjahrsvollmond, somit frühestens auf den 22. März und spätestens auf den 25. April.

Die germanischen Wurzeln liegen in Fruchtbarkeitsriten zu Ehren der Frühlingsgöttin Ostara. Man opferte ihr frisch gelegte und bemalte Eier – Ursymbole der Lebenskraft. Die bunten Farben sollten die Schönheit der aufbrechenden Natur widerspiegeln. Auch das Tier, das die Eier bringt, der Hase, ist ein Symbol für Fruchtbarkeit: Seit der Antike gilt er als ein Urbild für Potenz. Noch heute munkelt man auf dem Lande, dass Eier, die um das Osterfest herum gelegt werden, besondere Potenzkraft besitzen.

Kinder der Tierwelt

Ein Widder ist genau genommen ein einjähriger, unkastrierter Schafbock und dafür bestimmt, die weiblichen Tiere zu besamen. Natürlich sucht man dafür den stärksten und stattlichsten Bock aus, denn seine Erbmasse soll fortgepflanzt werden. Neben dem Widder gibt es noch weitere männliche Schafe, die Hammel. Aber diese sind kastriert und nicht für Lust und Nachkommenschaft, sondern für den Kochtopf bestimmt. Schafe sind Herdentiere, sehr genügsam, aber – was man oft vergisst – auch sehr empfindlich gegenüber anhaltender Nässe und zu wasserreicher Kost. Daher werden alle Schafe in der feuchtkalten Jahreszeit in Unterständen, Ställen oder Höhlen gehalten. Im März, wenn die zunehmende Kraft der Sonne die Kälte vertreibt, öffnet der Hirte das Gatter, und die Schafe brechen nach monatelanger »Gefangenschaft« voller Ungeduld gegen Hecken und Zäune – allen voran der Widder.

Widder mussten zwar nicht den Kochtopf fürchten, dafür waren sie, zumindest in früheren Zeiten, für ein ebenso trauriges Los bestimmt: Als begehrte Opfertiere vergoss man ihr Blut bei unzähligen Fruchtbarkeitsriten. Außerdem betrachtete man die Hoden eines geschlachteten Widders – wie die Eier um Ostern – als ein wahres Potenzwunder. Zuweilen wurde ein Widder nur getötet, um einem zeugungsschwachen Mann zu Nachfahren zu verhelfen. Trotzdem erreichten manche Widder ein hohes Alter und machten Geschichte. Auf Dörfern erzählt man von betagten Tieren, die durch ihre Unberechenbarkeit selbst den Erwachsenen

Respekt einflößten oder so stark waren, dass man sie zur Besteigung von Schafen bis in entfernteste Dörfer auslieh. Besondere Berühmtheit erlangte der mythische goldene Widder Chrysomeles, der fliegen und sprechen konnte und dessen Fell (das Goldene Vlies) von Jason und den Argonauten geraubt wurde.

Der Erste im Bunde

Der Widder ist das erste Sternzeichen im astrologischen Tierkreis (Zodiak). Dieser Kreis ist ein Symbol, ein verschlüsseltes Abbild des Universums mit allem, was darin existiert: Mensch, Tier, Pflanze, Leben und Tod, Liebe und Hass, der Einzelne und das Ganze. Und so symbolisiert der Widder den Anfang von allem. Wenn man so will, kann man auch den Urknall des Universums, mit dem alles seinen Anfang nahm, hier zitieren: Das war das Prinzip Widder.

»Am Anfang war das Wort«, heißt es in der Bibel. Wenn dem so ist, dann ist der Widder ein Synonym für dieses inspirierende göttliche Wort, das alles andere schuf. »Widder« steht für »Anfang, Beginn, Startkraft, Zündung, Inspiration«. Für »Aufbruch, Durchbruch, Expansion, Extraversion«. Für »Initiative, Vorangehen, Führung«. All dies komprimiert die Astrologie in einem einzigen Wort: »Widder«. Was hat dieses Tier, ein Schafbock, nach landläufiger Auffassung recht einfältig und ziemlich primitiv, mit solchen Begriffen denn gemein?

Zunächst einmal: Wenn die Astrologie für bestimmte Qualitäten Tiernamen vergibt, dann will sie bereits damit etwas signalisieren. »Tierhaft« (im Unterschied zu »menschenspezifisch«) meint Vorgänge, die reflexiv, instinktiv, unbewusst, ohne Einmischung höherer kognitiver Prozesse ablaufen, etwa ohne die Aktivitäten unseres Bewusstseins.

Ein Beispiel: Wer am Abend allein durch einen Park geht und plötzlich eine Gestalt hinter einem Baum auf sich zuspringen sieht, rennt automatisch schutzsuchend zur Seite, noch bevor er das Ganze bewusst richtig wahrgenommen hat.

Oder ein anderes Beispiel: Michael Johnson und Donovan Bailey waren einmal die schnellsten Männer der Welt. Wenn sie zum Start eines Hundert-Meter-Laufs niederkauerten und es hieß: »Auf die Plätze, fertig …«, musste ihr Denken vollständig ausgeschaltet sein. Hier lauerte reine Natur, pure »tierische« Kraft, Muskeln, zum Sprung bereit. Ein Gedanke wie »Du musst schnell sein, konzentrier dich« würde den Start verlangsamen. Sie durften sich auch von keinem anderen Läufer ablenken lassen. Was zählte, war dieser Schuss, der gleich ertönen würde, und das Ziel.

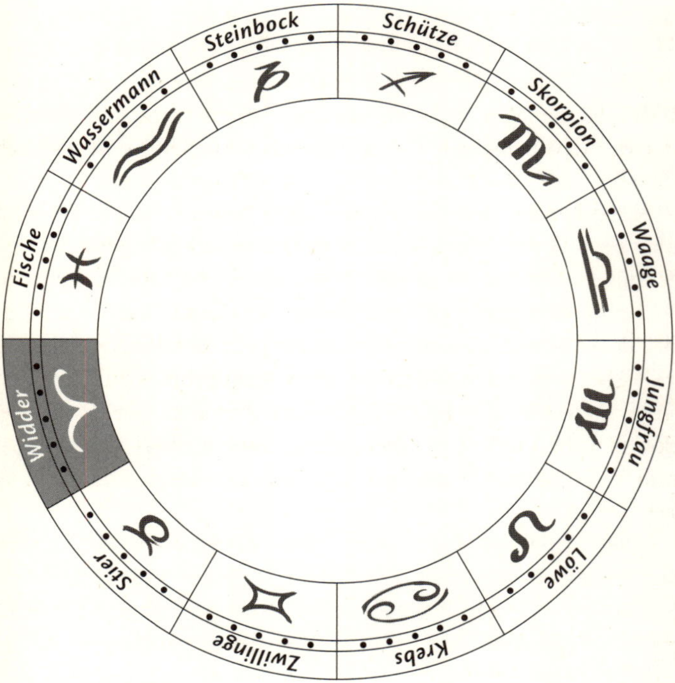

Noch ein drittes Bild: Im März/April – also zur Zeit des Widders – schießt die Natur förmlich aus der Erde heraus. Ein befreundeter Physiker hat mir einmal gesagt: Würde man die Kraft, welche die Rasenfläche eines Fußballfeldes in einer feuchten, warmen Märznacht entwickelt, entsprechend bündeln und konzentrieren, würde sie genügen, um einen ein Kilogramm schweren Würfel um einen Meter zu heben. Jetzt zähle man mal alle Frühlingswiesen der nördlichen Hemisphäre zusammen!

Ein Platz an der Sonne

Der Grund jedes einzelnen Grashalms aber, derartig zu werkeln und auf Teufel komm raus zu powern, ist der gleiche wie bei Johnson oder Bailey, nämlich schneller zu sein als die anderen. Allerdings ist der Preis beim Gras kein Platz auf dem Siegertreppchen nebst Goldmedaille und anschließend millionenschweren Werbeverträgen. In der Natur dreht sich alles um einen günstigen Platz an der Sonne. Wer vorn ist, bekommt mehr Licht und Wärme; und wer davon mehr hat, wächst noch schneller. Es ist wirklich wie beim Lauf: Der Start entscheidet über alles Weitere.

Widdergeborene stehen diesem Thema besonders nah. Sie sind sozusagen Vertreter des »alles entscheidenden schnellen Starts«. Sie müssen loslegen, es ist ihre Bestimmung, sie haben es nicht in der Hand, es entzieht sich ihrer bewussten Kontrolle. Sie sind als Kinder die Schnellsten, wenn es darum geht, den Finger zu heben und »Hier!« zu rufen, sofern es etwas Angenehmes zu gewinnen gilt, Schokolade zum Beispiel. Sie sind aber auch die Ersten, die protestierten und nein sagen, wenn ihnen etwas nicht passt. Immer wirkt dieses Widderprinzip – sich bessere Bedingungen zu verschaffen.

In jeder Kurzcharakteristik über dieses Sternzeichen liest man es, und bestimmt wird es jedem Widder des Öfteren in seinem Leben vorgeworfen: »Du bist rücksichtslos und egoistisch, Du denkst immer nur an dich …!« Aber: Wenn es darum geht, schneller zu sein, ist Rücksicht ein Luxus, den man sich nicht leisten kann. Oder hätten etwa Johnson oder Bailey bei ihrem Lauf Nachsicht mit ihren Konkurrenten üben sollen?

Ganz weit drinnen steckt in jedem Widder eine tiefe, tiefe Angst. Es ist die Angst des Lebens vor dem Tod. Nicht schnell genug zu sein bedeutet, keinen günstigen Platz an der Sonne zu bekommen, und das wiederum heißt im Sinne des genetischen Überlebensprinzips, zu versagen und einen vorzeitigen Tod zu erleiden.

Widdern scheint daher unsere Leistungs- und Wettbewerbsgesellschaft direkt auf den Leib geschrieben zu sein: Sich zu behaupten, sich auseinanderzusetzen, miteinander zu konkurrieren, damit der Bessere gewinnt, entspricht ganz ihrem Wesen. Joschka Fischer, Grünen-Politiker und ehemaliger Außenminister, äußerte sich in einem TV-Interview verwundert darüber, dass in die Widderzeit (21. März bis 20. April) eindeutig mehr Geburtstage von prominenten Politikern fallen. Helmut Kohl, Gerhard Schröder, Richard von Weizsäcker, Daniel Cohn-Bendit und eben Joschka Fischer sind die bekanntesten. Dazu passen auch Namen aus der Geschichte wie Karl der Große, Maximilian I., Otto von Bismarck und Wilhelm I.

Als Widdergeborener erlebt man das Dasein grundsätzlich als Herausforderung, als Möglichkeit, sich selbst und seine Wünsche, Ideen und Träume zu verwirklichen. Allerdings muss man dafür auch an der richtigen Stelle stehen: Stündlich den gleichen Handgriff, dieselbe Aufgabe zu verrichten macht Widder zunächst grantig und unglücklich und am Ende ernsthaft krank. Es muss irgendwo auch nach ihrem Kopf gehen. Nur auszuführen, was andere vorsagen, ist gegen ihre Natur. Wie gesagt, der Widder eröffnet den Tierkreis und ist somit dafür bestimmt, zu initiieren, anzuführen. Diese Menschen bekommen daher Probleme, wenn sie dem zu wenig nachgeben können. Das bedeutet nicht, dass sie gleich zum Bundeskanzler, Chef vom Dienst oder Abteilungsleiter bestimmt sind, aber sie müssen ihre Ideen einbringen, den Ton angeben können.

Lässt sich's schon nicht anführen oder bestimmen, dann muss dem Widder wenigstens sonst etwas geboten werden. Ausgesprochene Widderidole (und -geborene) sind (und waren) all die Raufbolde und Draufgänger des Films und des wirklichen Lebens wie Giacomo Casanova, Terence Hill, Bette Davis, Hardy Krüger, Steve McQueen, Marlon Brando und Jean-Paul Belmondo.

Aus meiner therapeutischen Praxis kenne ich viele Menschen mit diesem Sternzeichen, die eine tiefe Abneigung gegen ihr eigenes Widderpotenzial haben. Sie erleben die Kraft als aggressiv, lieblos, zerstörerisch und versuchen, sie aus ihrem Leben zu verbannen. Allerdings entzieht sich dieses Potenzial der bewussten Einflussnahme, wie man weiß. Wird es unterdrückt, kommt es daher anderweitig zum Vorschein. Ich erinnere mich beispielsweise an einen Widdermann, der in einem Wochenendseminar sämtliche Teilnehmer gegen sich aufbrachte, obwohl er immer wieder betonte, er sei ein äußerst friedliebender Mensch und habe bereits Probleme, wenn etwas lauter miteinander gesprochen werde. Aber jedem Seminarteilnehmer platzte irgendwann der Kragen: Dieser Widder projizierte seine gesamten Aggressionen auf sein Umfeld. Das passiert auch häufig in Familien, in denen der Vater oder die Mutter ihr Widderpotenzial nicht leben. Bekommen sie dann ein Kind, so kann es sein, dass dieses besonders aggressiv, laut und draufgängerisch wird und somit das lebt, was die Eltern zu unterdrücken versuchen.

Mein drittes Beispiel grenzt schon an Komik: Ich kenne einen Widdermann, der wirklich sehr friedlich lebt. Er ist Maler und hält sich am liebsten vor seiner Leinwand auf. Aus finanziellen Gründen ist er jedoch stets mal wieder darauf angewiesen, einen Job anzunehmen. Wo immer er aber anfängt zu arbeiten, hat er innerhalb einer Woche sämtliche Chefs und Kollegen gegen sich, obwohl er ihnen wirklich keinen Grund gibt. Der Höhepunkt war, als er sich in den Ferien als Ziegenhirt in der Schweiz verdingte. Nach dem dritten Versuch musste er die Tätigkeit aufgeben, weil sich ein starker, männlicher Ziegenbock (ein Widder?) gegen ihn verschworen hatte und ihn droben auf den Bergen regelrecht bedrängte, so dass mein »guter Hirte« es mit der Angst zu tun bekam: ein Beweis mehr dafür, dass sich ein Naturell nicht einfach aus der Welt schaffen lässt. Man mag es sich selbst vom Leib halten können, aber dann bekommt man es eben von anderen widergespiegelt – und wenn ein Ziegenbock in den Schweizer Bergen diesen Part übernimmt.

Dass es tatsächlich richtig gefährlich sein kann, sein eigenes Widderpotenzial nicht zu leben, habe ich erst kürzlich wieder einmal erfahren. Eine Widderfrau kam zu mir in die Therapie, nachdem sie innerhalb eines halben Jahres bereits den dritten Autounfall hatte. Das letzte Mal saß auch ihr zweijähriger Sohn im Fahrzeug und entging nur um Haaresbreite einer Katastrophe. In unserer therapeutischen Analyse trat zutage, dass die Frau eigentlich sehr wütend auf ihren Mann war (dem auch das Auto gehörte). Aber weil sie eine »vollkommene« Gattin sein wollte (und ihren Mann auch tatsächlich liebt), verbot sie sich solche Regungen. Prompt fanden diese ein anderes Ventil, sich zu äußern, was schließlich dazu führte, dass des Gatten über alles geliebte Auto demoliert wurde.

Kein Widder kommt an seinem Potenzial vorbei. Es ist sogar eher so, dass diese Kraft umso stärker und auch destruktiver wird, je mehr sich jemand gegen sie stemmt. Es ist für einen Widder selbst wie auch für alle seine Mitmenschen angenehmer, wenn er zu seiner Kraft steht und sie in konstruktiver Weise auslebt, sei es im Beruf, auf dem Sportplatz oder mit irgendwelchen anderen Hobbys, als wenn er versucht, sie zu bändigen, und sie dabei doch nur verdrängt.

Die Ursache derartiger Blockaden gegen die eigene Widderkraft liegt stets in einer gestörten Beziehung zur eigenen Herkunft. Wenn der Vater nicht als positive und lebensbewirkende Kraft gesehen werden kann, kann auch die eigene Kraft nicht als positiv und lebensbewirkend erlebt werden.

Zurück zum »Tiersymbol« Widder und einer weiteren Bedeutung, die sich hinter diesem einfachen Schafsbock verbirgt: Wie bereits erwähnt wurde, handelt es sich beim Widder um ein männliches Schaf, das dafür bestimmt ist, die weiblichen Tiere zu besamen. Mit anderen Worten: »Widder« ist ein Symbol für Sexualität, Fruchtbarkeit und Lebenskraft. Es ist daher auch die Bestimmung eines Widdermenschen, Leben zu erschaffen. Zum einen ist das buchstäblich oder wörtlich gemeint: Mir ist kein Widder bekannt, der nicht wenigstens ein Kind hat. Ich kenne einen, der hat es zu fünf strammen Jungs gebracht (oder vielmehr seine Frau, aber davon redet der fleißige und stolze Widdervater nie). Und ich kenne immerhin den Sohn einer Widderfrau (sie ist allerdings schon vor Jahren gestorben), die in ihrem erfüllten Leben 23 (!) Kinder auf die Welt gebracht hat.

Zeugen, befruchten und Leben schenken gilt natürlich auch im übertragenen Sinne: Widder müssen etwas tun, was ihnen das Gefühl vermittelt, dem Leben zu nutzen, es voranzutreiben, es mit ihren Ideen anzureichern. Alles andere ist sinnlos, langweilig, abtörnend.

Einen langweiligen Tag erleben, nicht wissen, was man tun soll, nicht vorwärtskommen, kein richtiges Ziel haben ... Kaum ein anderes Zeichen im Tierkreis leidet so sehr unter Einfallslosigkeit im Leben. Kaum jemand kämpft so innig gegen Routine und Langeweile, beschwert sich, lamentiert, protestiert, nervt. Umgekehrt gibt es niemanden, der so leicht zu begeistern ist, der so schnell Feuer fängt, der überall, wo er sich aufhält, ungebeten kleine Schubse verpasst, damit ja nichts stehenbleibt.

Es ist das unerfüllte Lebensprinzip, das hier protestiert und nervt. Wenn es überhaupt nichts finden kann, dann schnappt sich ein unterfordertes Widdertemperament auch mal einen naiven Therapeuten und kämpft eben mit ihm. Ist immer noch besser, als nichts zu tun. Mit anderen Worten, man muss sehr achtgeben, dass man, will man einem Widder helfen, nicht ganz schnell zu seinem Widersacher wird, an dem sich dann sein ganzes Feuer entzünden kann.

Die Kraft der Inspiration

Noch ein weiteres wichtiges Prinzip versteckt sich hinter dem Namen »Widder«: Den Winter über – auch das wurde schon erwähnt – verbringen die Schafe auf engstem Raum zusammengepfercht im Stall, weil sie sehr kälteempfindlich sind (das sind übrigens auch Widdermenschen). Kaum erlaubt es das Wetter, wollen sie raus, frische Luft, erstes Grün, blauen Himmel (und auch darin sind sie wie die Menschen). Ich habe zufällig einmal in den Bergen erlebt, wie ein Bauer das erste Mal die Türen seines Stalls öffnete und die Schafe samt einem Widder ins Freie hinausliefen. Anfangs waren sie geblendet, fühlten sich dann aber innerhalb von Sekunden sicherer und begannen, eigenartige Verrenkungen zu vollführen, so als wollten sie sich in einer Art Gymnastik warm machen. Dann fingen sie an, in die Luft zu springen. Ich werde nie vergessen, wie die Schafe mit ihren staksigen Beinen in die Luft sprangen – aus Freude, aus Übermut, aus Lebenslust.

Die Alten sahen darin jedoch noch mehr: Die eigenartig spontanen Verrenkungen dienten als Sinnbild für etwas, was Widdergeborenen häufig widerfährt, nämlich dass sie urplötzlich, ohne jeden vernünftigen Grund, eine Idee überkommt, sie einen Impuls verspüren, sie schlagartig von etwas begeistert sind.

Widder haben häufig keinen blassen Dunst davon, warum sie etwas tun oder nicht tun, sie haben keine Erklärung für ein bestimmtes Handeln oder Fühlen. Wenn man sie nach dem Grund fragt, wissen sie keinen oder versuchen mühsam, einen zu konstruieren. Widdergeborene werden inspiriert, sie haben einen Draht zu etwas, was man mit logischen, vernünftigen oder empirischen Mitteln nicht nachvollziehen kann. Es kommt einfach über sie. Aber – und das ist das Entscheidende – ihre Inspiration ist genauso wahr wie ein logischer Schluss oder wie eine Erfahrung. Insbesondere Widderfrauen, so habe ich immer wieder erfahren, beginnen rasch, an sich zu zweifeln, wenn jemand kommt und von ihnen verlangt, sie sollten ihre Entschlüsse begründen. Sie versuchen dann häufig, es dem Fragenden recht zu machen, und verstricken sich immer mehr in Widersprüchen. In Wirklichkeit gibt es nichts zu begründen. Inspirationen, Ideen, Eingebungen brauchen keine Begründung. Sie sind wahr, genauso wahr wie empirische Erfahrung, wie Logik, wie Gefühl.

»Am Anfang war das Wort«, nochmals dieses Zitat aus der Bibel. Vielleicht müsste es besser heißen: »Am Anfang war die Inspiration.« Ich halte die Gabe der Eingebung für die charakteristischste Eigenschaft von Widdermenschen. Die einzigen Widder, die nicht inspiriert sind, sind diejenigen, die es einmal waren, aber dann durch Enttäuschungen und widrige Umstände zynisch geworden sind. Wenn man einen Widdergeborenen trifft, kann man ihn für eine inspirierte Seele halten oder auch nicht, je nachdem, in welcher Stimmung er ist und was er von einem hält. Hat man jedoch die Gelegenheit, ihn näher kennenzulernen, erlebt man nach kurzer Zeit die ansteckende Begeisterung, in der er seine Leidenschaften mit anderen teilt. Wenn er, wie viele Widder, ein Intellektueller ist, verfällt man schon bald seinen Theorien und Meinungen. Für den intellektuellen Widder haben Ideen etwas Inspirierendes, ähnlich wie für ein Kind. Inhaltlich kann es dabei um alles Mögliche gehen, von der Struktur des Universums bis zur Frage, wie man einem Tennisball den richtigen Dreh versetzt. Gleich, welche Ideen dem Widdermenschen gefallen, sie werden seinen Geist beflügeln, und er wird sie schätzen und versuchen, sie anderen schmackhaft zu machen.

Es gibt aber auch den praktischen, inspirierten Widdermenschen, der von einer Tat zur nächsten eilt. Der moderne Manager ist der Prototyp eines derartigen Widders. Ich hatte einmal das Vergnügen, mit einem sehr erfolgreichen Widder zu Mittag zu essen. Er nimmt heute eine Topposition in der Wirtschaft ein. Damals suchte er ein Gespräch mit mir. Seine Frage an den Astrologen lautete so: »Können Sie mir sagen, woher ich die Unverschämtheit nehme, ständig neue Firmen aufzukaufen und wie ein Irrer zu expandieren? Woher soll ich eigentlich wissen, dass ich mit dem, was ich tue, richtig liege?« Ich weiß noch, ich habe ihm damals gesagt, dass er eben ein Widder sei und seine Ideen aus dem Nirgendwo kämen. Aber genau das sei seine Stärke – und damit müsse er leben.

Widder müssen sich selbst dazu ermuntern, ihrer Inspiration zu vertrauen, ihr zu folgen, selbst wenn sie ihren Entschluss nicht begründen können. Ihre Inspiration ist ein Geschenk der Götter; niemand sonst wird damit so reich beschenkt wie gerade sie.

Vor einiger Zeit rief mich eine Frau an und sagte, dass sie unbedingt sofort einen Termin für sich und ihren Partner brauche. Schon in der Dringlichkeit ließ sich der Widder erkennen, was sich dann später auch bestätigte. Ich nannte ihr den nächsten freien Termin; es war ihr natürlich viel zu lange hin, aber was sollte sie machen?

Sie erschienen beide gemeinsam zur Sitzung. Sie eine temperamentvolle Widderfrau, er ein Fischegeborener. Sie kam auch ganz schnell zum Kern der Sache: »Er hat mich betrogen!« Der Fischemann sah betroffen aus und meinte, das stimme, er habe vor einiger Zeit während einer Weiterbildungsveranstaltung eine Affäre gehabt. Noch bevor der Mann mit seiner Erzählung fertig war, brauste die Widderfrau auf, sprang vom Stuhl hoch, beschimpfte ihren Mann, fuhr ihm beinah an den Hals, weinte, tobte, schrie, dass sie so nicht mehr leben wolle, rannte zur Tür hinaus, kam wieder zurück … Es war wie in einem Film von Bertolucci oder einem anderen Italiener: Dramatik pur!

Der Fischemann wandte sich vorsichtig seiner Frau zu und sagte: »Es ist doch vorbei, schau, es tut mir wirklich sehr leid. Ich hab es dir ja auch schon mehrmals gesagt.« Die Widderfrau beruhigte sich, und unvermutet rasch kam ihr strahlendes Lächeln wieder zum Vorschein (niemand vermag so schnell zwischen teuflischer Wut und einem himmlischen Lächeln hin und her zu wechseln wie ein Widder).

Nach weiteren fünf Minuten fuhr sie ihn an: »Und was empfindest du *jetzt* für diese Frau?« Der Fischemann war sichtlich bemüht, eine Antwort zu geben, die sie gütig stimmen könnte, und sagte: »Ich habe es dir ja bereits öfter gesagt, dass ich schon noch ein paar Gefühle für sie habe, aber dass meine Gefühle, meine Liebe zu dir mir viel wichtiger sind.« – »Siehst du«, fuhr sie ihn an und sprang dabei wieder aus dem Stuhl, »du hast immer noch Gefühle für sie. Nur meinetwegen unterdrückst du deine Liebe zu ihr. Wenn es mich nicht gäbe, würdest du zu ihr ge-

hen …«, und sie rannte heulend zur Tür hinaus und schlug sie laut hinter sich zu.
Der Fischemann blieb resigniert sitzen, schüttelte den Kopf und sagte: »Egal, wie ich es mache, es ist immer falsch!« Nach einer kurzen Pause fügte er hinzu: »Aber ich liebe sie!«

Typische Widder kann man nur lieben – oder man muss ihnen aus dem Weg gehen. Sie sind in der Regel hemmungslose Egozentriker, sie wollen immer das, was sie nicht haben. Sie leben in einer Welt, in der die Männer noch »richtige« Männer sind, um ihre Frauen kämpfen, sie erobern, auf Händen tragen und bereit sind, für sie zu sterben. Und in der die Frauen natürlich »richtige« Frauen sind, die für ihren Mann leiden und kämpfen, mit ihm durch dick und dünn gehen, ihr Leben retten und bereit sind, mit ihm und in seinen Armen zu sterben. Zu dieser Welt gehört auch Eifersucht, die aber eher durch Konkurrenzdenken geprägt ist.
Nein, es gibt keinen leidenschaftlicheren Archetypus als den des Widders, sei es in Bezug auf Sex, Gefühle oder auch romantische Liebe. Das Widderprinzip ist unter den Feuerzeichen das stärkste, und Feuer symbolisiert Leidenschaft und gleichzeitig den Zorn. Das Temperament eines Widders kann sehr leicht in Reizbarkeit und Wutausbrüche umschlagen, wenn man sich seinem entschiedenen Willen widersetzt oder falls er sich falsch verstanden fühlt. An der Seite eines Widders wird also ständig etwas geboten. Friede und Harmonie gehören eindeutig zu den knappen Gütern einer Partnerschaft mit ihnen. Und trotzdem sind Widder selten allein. Ich bin sogar davon überzeugt, dass Widdergeborene zu den Menschen gehören, die am wenigsten solo leben. Wie ist das möglich? Sollte man nicht meinen, dass jedermann einen derartigen feuerspeienden Vulkan meidet wie die Pest?
Weit gefehlt! Widder bringen Dramatik, ja, aber sie vermitteln auch das Gefühl, am Leben zu sein. Sie schauen nicht zu, wenn ihr Partner neben ihnen allmählich alt wird und einzuschlafen droht. Sie halten ihn wach und lebendig, notfalls mit dem Gefauche und Getöse eines Tigers. Widder sind Egozentriker, sie sind ungerecht,

aber all dies ist immer noch besser als die gähnende Langeweile und Gleichgültigkeit, in der manch andere Ehen vor sich hin dümpeln.

Der Astro-Flirt

Es ergibt sich beinah von selbst, dass der Widder keinerlei Schwierigkeiten hat, Anschluss zu finden. Seine direkte, charmante, mitreißende Art öffnet ihm sämtliche Türen. Menschen, die allein leben, sind dies in 99 von hundert Fällen ja nicht deswegen, weil sie irgendetwas Abstoßendes an sich hätten. Das Problem liegt eher darin, dass sie es nicht fertigbringen, sich entsprechend bemerkbar zu machen. Sie sind entweder überhaupt zu gehemmt, den Mund aufzukriegen und zu sagen, was sie wollen. Oder sie senden derartig widersprüchliche Botschaften aus, dass keiner in ihrer Umgebung durchblickt. Zu diesen Menschen gehören Widder nicht. Sie sagen, was sie denken, und genieren sich auch nicht, jemanden direkt zu fragen: »Hast du Lust und Zeit?« Mit anderen Worten, keins der übrigen Tierkreiszeichen (abgesehen vielleicht von einem Zwillingegeborenen) bricht das Eis, das normalerweise zwischen fremden Menschen liegt, so leicht wie ein Widder.

Spontan und extravertiert, ist es für ihn wichtig, an den Aktivitäten des Lebens teilzunehmen. Wird in seiner Stadt ein neuer Verein gegründet, ein Club oder ein Lokal eröffnet, will er dabei sein. Zu seinen Lieblingsjagdgründen gehören natürlich sämtliche Sportstätten, insbesondere die Fitnessstudios, die sich überhaupt mehr und mehr zu einer modernen Begegnungsstätte gemausert haben.

Wie schaut es mit dem Flirten aus? Das Herz der Widdergeborenen schlägt nicht nur ein paar Takte schneller als das der anderen Zeichen, es schlägt auch schnell für die oder den Auserwählten. Bei diesen »Marsmenschen« (der Mars ist der herrschende Planet des Zeichens) bleibt es nicht lange beim Augenspiel. Gerade erst hat der Widdermann den Blickkontakt aufgenommen, schon kommt er mit strahlendem Lächeln auf Sie zu, stellt sich Ihnen vor, und kurze Zeit später versucht er Sie bereits zu überreden, mit

ihm die Veranstaltung, auf der Sie sich gerade kennengelernt haben, zu verlassen, um mit ihm in einer Bar einen Drink zu nehmen. Er ist so unwiderstehlich und vermittelt Ihnen das Gefühl, dass Sie, nur Sie, ihn an diesem Abend glücklich machen können. Und bald sind Sie ihm verfallen und an seinem Arm entschwunden.
Widderdamen gehen nicht so offensichtlich stürmisch ran, lassen aber auch keinen Zweifel aufkommen an ihrem Interesse für einen potenziellen Flirtpartner. Mit auffordernden Blicken zeigen sie, dass sie gern im Sturm erobert werden möchten.
Auf umständliche, scheue, schüchterne Annäherungsversuche »stehen« also weder weibliche noch männliche Widder: Sie wollen erobern und erobert werden – schnell, heftig und direkt.

Sind Widder gut im Bett?

Gut? Im Bett ist der Widder *der Beste*! Zumindest zeigt er selbst sich davon hundertprozentig überzeugt. Ist sein astrologischer Urahn nicht der Widder, der Stolz eines jeden ländlichen Gehöfts, der Einzige, den nicht das Schicksal aller anderen männlichen Schafe ereilt, entmannt und zum Hammel degradiert zu werden? Dieses Urbild des begnadeten Rammlers, Erzeugers und Befruchters schlummert in jedem Widder, besonders aber im männlichen. Doch auch die weiblichen Vertreter dieses Tierkreiszeichens rühmen sich gern ihrer besonderen Freude an der Liebe und am Sex. Der Widder ist das feurigste Feuerzeichen – und somit auch das leidenschaftlichste. Obendrein betrachtet der Widder den Sex genau wie alles andere im Leben: Es geht auch in diesem Bereich darum, wer der Beste ist. Von daher ist eine Nacht mit einem Widder immer etwas Besonderes: Es gilt, Rekorde zu brechen, eine neue Meisterschaft zu gewinnen.
Manche Astrologen behaupten, der Widder wäre beim Sex nur in sich selbst verliebt und lediglich an seiner eigenen Befriedigung interessiert. Da ist bestimmt was dran, wenn man sich gewisse artistische Höchstleistungen und die Dauerakrobatik mancher Widder beim Liebesspiel vor Augen hält. Aber zu einem wirklich

spitzenmäßigen Erfolgserlebnis gehört natürlich auch für den Widder, dass der Partner ebenfalls befriedigt ist und selig lächelt.
Unter den Widdern existieren tatsächlich Extremisten, die Sex als Sport betreiben, bei dem man Rekorde aufstellen kann. »Ich bin fünfmal gekommen«, »Ich hatte sechsmal hintereinander einen Orgasmus«: Das sind sicher Äußerungen von Widdern, genauso kann man von ihnen das lässige Gerede von »Nummern« oder »Runden« vernehmen. Aber von solchen Erscheinungen einmal abgesehen, bekommt der Widder im Bett ohne Zweifel eine Eins: weil er den Sex liebt, weil er im Sex eine Erfüllung findet, weil sein leidenschaftliches Feuer andere mitreißt.
Seine Küsse sind so stürmisch, dass sein Partner kaum mehr zu Atem kommt. Und schon dabei will er alles, und das sofort. Seine besonders erogenen Zonen sind Kopf, Gesicht, Ohren und Schläfen, denn dort liegen seine empfindlichsten Nervenendigungen. Zärtliches Nagen am Ohrläppchen, ein sanftes Streicheln des Gesichts oder Haarekraulen jagen ihm Schauer über den Rücken, und der wilde Widder wird zum Schmuselämmchen.
An einem ausgiebigen Vor- und Nachspiel ist der Widder allerdings weniger interessiert. Er kommt schnell und direkt zur Sache. Er zielt immer gleich aufs Ganze und möchte ohne große Verzögerung und lästiges Drumherum zum Hauptgang. Und er ist auch kein Liebhaber irgendwelcher Techniken, die den Orgasmus hinauszögern oder vielleicht sogar ganz unterbinden, wie es zum Beispiel bei bestimmten Liebespraktiken des Tantra oder Kamasutra der Fall ist. Der Orgasmus ist der Höhepunkt, die Erfüllung, einen Moment lang erlebt sich das Ego befreit, entspannt und entladen, ein Zustand, der im Leben eines echten Widders überaus rar und wertvoll ist.
Es steht auch nicht zu befürchten, dass die sexuelle Lust eines Widders irgendwann erlahmen könnte. Im Gegenteil. Typische Widder – Frauen ebenso wie Männer – behalten ihre Fleischeslust normalerweise bis ins hohe Alter. In meiner Praxis war noch nie jemand, der sich darüber beschwert hätte, dass des Widders Lust versiegt sei. Das Gegenteil traf allerdings schon häufiger zu: Ich

meine, wenn zum Beispiel in einem therapeutischen Partnergespräch vom Widder thematisiert wird, dass sein Partner nicht mehr mit ihm/ihr schlafe. Für den Widder ist es tatsächlich besonders schwierig, sich eine Beziehung und Liebe ohne regelmäßigen Sex vorzustellen.

Nun ist es aber so, dass jede Partnerschaft nach der anfänglich schieren Libido und Lust in ein mehr und mehr zärtliches Stadium hinübergleitet. Ein Widder erlebt eine derartige Entwicklung immer als Liebesentzug. Ich weiß von vielen Beziehungen, die daran zu Bruch gegangen sind, und rate daher Partnern von Widdern sehr, dieses Problem im Auge zu behalten: Am wichtigsten ist es, seinem Widderpartner zu vermitteln, dass weniger Sex überhaupt nichts mit weniger Liebe zu tun hat.

Und noch ein Tipp für alle Partner von Widdern: Er (oder sie) fühlt sich nun mal als der King, die Krönung der Schöpfung, als der Erste, der Beste. Und er braucht dann und wann die Bestätigung, dass dies auch so ist. Also geben Sie ihm dieses Gefühl! Sagen Sie ihm: »Du bist der Schönste, Beste, Tollste … Mit keinem anderen war der Sex je so befriedigend, du machst mich glücklicher als jeder Mensch zuvor!« Ich meine nicht, dass Sie heucheln sollten. Schließlich gehe ich davon aus, dass für Sie, wenn Sie mit einem Widder das Bett teilen, dies alles tatsächlich stimmig ist. Viele Menschen setzen allerdings voraus, der andere müsse es doch spüren, dass er geliebt wird. Doch der Widder spürt es *nicht*! Er will es hören, gesagt bekommen. Das hat überhaupt nichts mit seiner Liebesfähigkeit zu tun, sondern lediglich mit seinem Tierkreiszeichen. Also, in Gottes Namen, sagen Sie es ihm (oder ihr) – oder er holt sich diese Bestätigung früher oder später womöglich noch anderswo.

Sind Widder gute Partner?

Wer von einem ruhigen, harmonischen Zweieridyll träumt, sollte Widder lieber meiden. Aber wer eine lebendige Gemeinschaft sucht, die wie das Leben auch zuweilen laut und dramatisch, dann wieder leise und sehr zärtlich ist, findet kaum etwas Besseres als ein gemeinsames Leben mit dem Widder.

Am Anfang betrachtet ein typischer Widder den anderen grundsätzlich als Beute: »Diesen Mann (diese Frau) will ich haben, koste es, was es wolle!« Und das Werbespiel, das sich zwar seit Millionen Jahren nicht wesentlich verändert hat, aber von Widdern beiderlei Geschlechts am echtesten vorgetragen wird, kann beginnen. Jemand anderen zu erobern ist beinah das Spannendste am ganzen Liebesspiel. Für einen Widder wird die Frage, diesen anderen Menschen »zu bekommen«, zum Existenzproblem, als hinge sein Leben davon ab. Es gibt daher auch nichts Leidenschaftlicheres, Bunteres, Aufregenderes, Atemberaubenderes, aber – bei Gott – auch nichts Anstrengenderes als die Anmache eines Widders. Natürlich sind die Avancen einer Widderfrau niemals derartig direkt wie die eines Mannes. Aber mit ihren weiblichen Waffen – Erotik, Verführungsspiel, vorgetäuschte Schwäche, Rückzug und Angriff – erreicht sie letztlich genau das Gleiche.

Führt die Werbung zum Ziel, und der Widder gewinnt meistens, dann ist er im Himmel. Der erste Kuss, der erste Kontakt mit nackter Haut, der erste Koitus ist der absolute Höhepunkt.

Danach geht es eigentlich abwärts, erlischt das rasende Feuer. Das Ziel hatte eine magische Anziehungskraft auf den Widder – ist es erreicht, kann es ihm in der Beziehung jedoch ganz schnell langweilig werden. Natürlich kommen immer wieder neue. Selbstverständlich wird der Widder Szenen entwerfen, ja, sogar Trennungen erfinden, damit es erneut einen Anfang mit dem ganzen Spiel der Eroberung geben wird. Ich kenne ein Widderpaar, das bereits dreimal (!) geheiratet hat. Und danach ließen sie sich schon wieder scheiden. Aber trotzdem, nachdem einmal klar ist, dass der andere sich »ergeben« hat, erlischt das ganz große Feuer und macht anderen Gefühlen Platz: der Herzlichkeit, Freundschaft, Kameradschaft und eventuell der Fürsorge für Kinder und dem Ringen mit der Tagesroutine.

Diese Abkühlung erlebt der Widder selbst mit Traurigkeit in seinem Herzen. Er ist nun mal ein Jäger und Abenteurer, der sich nach neuen Herausforderungen sehnt. Partner von Widdern müssen daher immer für ein bestimmtes Quantum an Aufregung sorgen, sonst besteht die Gefahr, dass sie ihren Widder an einen anderen verlieren, bei dem ihr Eroberer nochmals zur Höchstform auflaufen kann in seiner ganzen Pracht und Herrlichkeit.

So hält man Widder bei guter Laune

Ein ganz wichtiges Gebot in der Liebesbeziehung mit einem Widder lautet: »Lass ihn immer spüren, wie es dir geht!« Umgekehrt gibt es nichts Unerträglicheres für ihn, als wenn man ihn im Ungewissen lässt, sich von ihm abkapselt und zurückzieht. Der Widder hält schließlich auch mit nichts hinterm Berg. Seine hinterletzten Gedanken legt er auf den Tisch, ob man sie nun hören will oder nicht. Er erzählt jedes Gefühl und jedes Wehwehchen. Er ist direkt und geradeaus.

Der Widder ist kein Gedankenleser. Wenn man ab und an seine Ruhe haben möchte, dann genügt es nicht, mit einer sauertöpfischen Miene herumzulaufen oder sich irgendwo in die Ecke eines Zimmers zu verziehen und die Kopfhörer aufzusetzen. Nein, man muss ihm sagen: »Hör mal zu, ich will jetzt für ein, zwei Stunden meine Ruhe!«

Ganz falsch ist es, einen Widder zu schonen. Er hasst es, wie ein Kind behandelt zu werden. Er besteht auf Offenheit, er will alles wissen. Es ist ihm tausendmal lieber, sich mit Problemen herumzuschlagen, als irgendwie doch zu spüren, dass etwas nicht stimmt.

Für spontane, ausgefallene Ideen sind Widder immer zu haben – je verrückter, desto besser. Man rufe also seinen Widderliebling ruhig nachts um ein Uhr an und sage ihm, dass man gleich mit einer Flasche Champagner vorbeikomme: Man hätte so viel Sehnsucht nach ihm! Oder man überrasche ihn nach Büroschluss mit einer Spritztour irgendwohin ins Blaue: Der Widder müsste schon in einer sehr schlechten Verfassung sein, wenn er ablehnte.

Womit man einem Widder ebenfalls immer Freude bereiten kann, ist Musik. Ja, der stürmische, temperamentvolle, hektische, eckige Widder liebt harmonische Klänge, bei denen man träumen und schwelgen kann. Vergessen sollte man auch nie seinen Geburtstag und sämtliche gemeinsam erlebte Jahrestage. Die bedeuten ihm viel sowie auch die ganzen liebevollen Kleinigkeiten, die eine Beziehung lebendig halten. Bei Geschenken sehen Widderdame und Widderherr am liebsten Rot. Ein Sportpullover oder ein Saunatuch in dieser Farbe kommen sicher gut an, denn Widder lieben Sport und Fitness. Und wer zum Valentinstag mit roten Rosen, Tulpen oder Nelken an den Widder denkt, wird von neuem in sein Herz geschlossen.

Zum Schluss noch ein Geheimnis, das einem der Widder wahrscheinlich selbst nie verraten wird: Im Grunde seines Herzens ist jeder Widder vollkommen unsicher, ein Hasenfuß. Der Schatten seiner »Hoppla, jetzt komm ich, der tolle Widder«-Seite ist ein verschrecktes Kind, das nicht richtig weiß, wo es hingehört. Man macht einem Widder deswegen immer die größte Freude, wenn man ihn – und zwar gerade ihn – um einen Rat fragt. Das baut ihn auf. Das lässt ihn spüren, dass er »okay« ist in dieser Welt.

Über die Treue der Widder

Der männliche Widdergeborene sieht sich als Ritter, treu und ergeben derjenigen, der er seinen Schutz angeboten hat. Die Widderfrau wiederum könnte man als Amazone sehen, die genauso selbstverständlich zu ihrem Wort steht. Wenn also ein Widder einmal ja gesagt hat, dann meint er es auch so. Und sofern man es will, wird er sein Ja mit tausend Schwüren festigen und behaupten, dass er sich lieber die Augen ausstechen würde, als seinen geliebten Partner irgendwann zu verlassen.

Das einzige Problem ist, dass der Widder als Feuerzeichen letztlich seiner Inspiration folgt, und die wiederum orientiert sich nur am Augenblick. Mit anderen Worten, man kann nie sicher sein, ob er seine Treueschwüre nicht bei nächstbester Gelegenheit vergisst. Dazu kommt die Qualität seines astrologischen Urahns, eben des Widders. Und ich meine, dass die Astrologie mit ihrer Symbolik immer den Nagel auf den Kopf trifft und man diese Bilder durchaus wörtlich nehmen sollte.

Also: In jeder Widderfrau, in jedem Widdermann existiert so etwas wie ein Wissen, eine Ahnung, der einzig »Bevollmächtigte« in einer Herde »begattungswilliger Schafe« zu sein: Für den Widdermann ist es letztlich ein Selbstverständnis, dass jede Frau für ihn geschaffen und zu haben ist. Entsprechendes gilt für die Widderfrau den Männern gegenüber.
Mit der Treue ist es also schwierig für typische Vertreter dieses Tierkreiszeichens. Ich kann mir, offen gesagt, auch gar nicht vorstellen, dass ein Widder sein Lebtag einem einzigen Menschen treu bleibt. Ich möchte aber nicht den Eindruck erwecken, als würde ich für mildernde Umstände plädieren, wenn es ihn erwischt. Die Treue ist nun mal ein existenzielles Gut jeder Partnerschaft und muss verteidigt werden, wenn man will, dass eine Beziehung nicht auf Dauer ernsthaften Schaden nimmt. Aber was soll man machen, wenn es dennoch zu einer Eskapade kommt? Nach den Erfahrungen in meiner therapeutischen Praxis glaube ich, dass ein Seitensprung (er darf natürlich nicht zur Regel werden) eine Beziehung auch beleben kann. Das setzt allerdings voraus, dass er in die Partnerschaft eingebracht wird. Ein heimlicher Seitensprung ist immer falsch, denn der »betrogene« Partner spürt die Entfremdung, auch wenn er nicht genau weiß, was der Auslöser ist.
Sollte in Ihrer Beziehung mit Ihrem Widderpartner Langeweile und Routine an erster Stelle stehen, so erwacht bei ihm sicher bald der Wunsch nach Neuem, Prickelndem, Belebendem, und er wird versuchen, dies auch zu bekommen. Wer also weiter eine glückliche Beziehung mit ihm führen möchten, bleibe interessant und etwas geheimnisvoll, spontan und halte das Alltagseinerlei außen vor.

Das Eifersuchtsbarometer

Widder sind Feuerzeichen; das heißt wie gesagt, sie sind von drängender, impulsiver, sich ausbreitender Natur. Eifersucht sollte von daher bei ihnen zunächst einmal gar nicht vorkommen. Wie kann ein Mensch einen anderen besitzen wollen, wenn es doch darum geht, sich zu verwirklichen, im Moment zu leben, seine Freiheit zu genießen? Wenn der Widder trotzdem vor Eifersucht tobt, beruht das nicht darauf, dass er einen Menschen zu verlieren glaubt. Er ist vielmehr deswegen eifersüchtig, weil es anscheinend jemanden gibt, der (oder die) »besser« ist als er selbst. Das ist auch der Grund, warum sich Widder meist sofort mit einem neuen Partner »trösten«, wenn sie verlassen werden.

Droht man damit, den Widder wegen jemand anders zu verlassen, so ringt er auch weniger mit seiner anderen Beziehungshälfte als vielmehr mit dem Konkurrenten. Es ergibt sich die klassische Situation, dass der »gehörnte« (Ehe)mann den Rivalen aufsucht, um ihn zum »Duell« aufzufordern. Widderfrauen handhaben das ganz ähnlich; auch für sie ist im Falle eines Dreiecksverhältnisses die Nebenbuhlerin die wichtigere Figur.

Wie gut Widder allein sein können

Widdergeborene sind selten solo. Sie brauchen ein soziales Umfeld. Erst über andere finden sie richtig zu sich. In der Gruppe weiß der Widder, wer besser, schlechter oder gleich ist. Das verleiht ihm Sicherheit. Allein zu sein macht ihn unsicher; er weiß dann nicht genau, was er tun muss, was und wer er ist. Zusammen mit anderen Menschen entsteht auch erst das richtige Lebensgefühl. Es ist wie bei einem Hundertmeterläufer. Es macht keinen Sinn, wenn er ohne Konkurrenten gegen die Zeit antritt. Es fehlt das Prickelnde, Spannende, Aufregende. Vergleichbar ist es bei einem Widder. Allein wirkt er wie ohne Lebenssaft.

Ich erachte es für Widdergeborene auch nicht als erstrebenswert, dass sie lernen, allein zu sein. Es ist einfach nicht ihr Metier. Der Widder gehört in eine »Herde«. Allein fühlt er sich isoliert. Auf der anderen Seite ist er natürlich auch der Pionier, der Abenteurer, der gern mal abrückt von der Masse und seinen eigenen Kopf durchsetzen will. Aber derartige Phasen führen ihn immer wieder zurück zu den anderen: um sich bewundern zu lassen, prahlen zu können. Wochenlang oder gar für immer in der Einsamkeit leben? Nein danke, nicht, wenn man ein Widder ist.

Weibliche Widder auf dem Prüfstand

Sie ist die männlichste Frau im ganzen Tierkreis und steht daher männlichen Widdern kaum in etwas nach. Natürlich zeigt sie nicht das gleiche Machogehabe. Aber auch sie geht davon aus, dass die Männer speziell für sie erschaffen wurden und alle zu haben sind.

Normalerweise hat sie auch in einer Partnerschaft »die Hosen an«. Eine Widderfrau wird sich kaum einen Mann aussuchen, der so dynamisch, stark, launisch und ichbezogen ist wie sie selbst; da nähme das Kämpfen ja kein Ende. Eher findet sie einen, der sich in ihrer Stärke sonnen und sich hinter ihr auch mal verstecken kann.

Allerdings wird in einer Beziehung mit einer Widderfrau auch der größte Softie lernen, ihr Paroli zu bieten. Sie lässt ihm nämlich keine andere Wahl, sie reizt, provoziert, droht, schmeichelt so lange, bis er irgendwann explodiert: Erst dann gibt sie sich zufrieden. Eine Beziehung mit ihr ist also eine harte Schule, nichts für Wischiwaschiknaben oder Möchtegerne: Man muss Farbe bekennen bei der Widderfrau. Und da eine Beziehung mit ihr so gar nicht nach dem Schema »starker Mann – schwache Frau« abläuft, sondern gerade eher umgekehrt, birgt sie noch jede Menge zusätzlichen Zündstoff.

Ihre Stärke ist damit auch der einzige Grund, warum es dann und wann doch auch Widderfrauen gibt, die allein leben: Männer haben Angst vor ihr und weichen ihr aus. Aber wie gesagt, das ist höchst selten. Denn selbst in der feurigsten, powervollsten Widderamazone steckt eine schmuseweiche Frau. Doch wie gesagt: Wenn man ihren Geburtstag, gemeinsame Jahrestage oder den Valentinstag vergisst, nimmt einem das Widderweib dies schwer übel. Geschenke für sie sollten wirklich originell sein und edel. Mit der Farbe Rot liegt man bei ihr immer richtig.

Männliche Widder auf dem Prüfstand

Der Widdermann ist der Sizilianer unter den Tierkreiszeichen; auch nach Jahrzehnten der Frauenbewegung wagt er es immer noch, den Chauvi zu geben: cool, lässig, siegessicher und bei der geringsten Kleinigkeit hochexplosiv. Auch launisch und zänkisch wie eine Katze am Kolosseum kann er sein und, wieder ganz italienisch, sehr *mamma*fixiert, wenn ihn ein Wehwehchen plagt.

Typischerweise rechnet er immer mit Widerspruch, auch wenn weit und breit kein Kontra in Sicht ist. Gelegentlich wirkt er daher wie ein Don Quichotte, der gegen Windmühlen kämpft. Wirklich stark machen ihn dagegen echte Herausforderungen. Und je größer sie sind, desto besser. Umso mehr kann er brillieren. Außerdem gehört er bei jedem Projekt an die Spitze. Verdonnert man ihn zur Routine oder positioniert man ihn an einer nachgeordneten Stelle in einer festgefügten Hierarchie, wird der Widder zum Hammel, der jede Lust am Leben verloren hat. Mit einem Satz: Er verhält sich schon fast anachronistisch: der letzte »richtige« Mann!

»Ob blond, ob braun, ich liebe alle Frau'n ...« – der Widder ist und bleibt ein Aufreißer. Und Hand aufs Herz, seine Mischung aus naivem Imponiergehabe und coolem Feuer, seine Bereitschaft zu jedem Abenteuer küren ihn zum Champ beim Eroberungsspiel. Und wenn man ihn wirklich will, diesen feurigen Don Juan, dann sollte man sich auch erobern lassen, niemals die Initiative ergreifen und sich rarmachen. Der Widdermann will Jäger sein. Denn wenn offensichtlich ist, dass man ihn haben und halten will, kann es sein, dass er ganz schnell das Interesse verliert.

Ja, wie sieht sie nun aus, die Traumfrau eines solchen Prachtexemplars von Mann? Nebensache! Sie muss vor allem spontan, unternehmungslustig, leidenschaftlich und sportlich sein – und diplomatisch genug, um zu ihm aufzublicken, ihrem »Ritter ohne Furcht und Tadel«.

Ihn mit Geschenken zu erfreuen fällt leicht: Begeisterungsfähig, wie er nun mal ist, und mit seinem kindlich gebliebenen Gemüt interessieren ihn alle neuen technischen Spielereien und alles rund um Sport und Fitness.

Widdermänner beweisen gern ihr sexuelles Können, und manche von ihnen kommen schon mal auf so ausgefallene Ideen, dass andere schockiert sind, etwa Partnertausch im Bekanntenkreis oder Gruppensex. Auch können einige von ihnen eine Neigung zu Sadomasopraktiken entwickeln.

Je turbulenter es beim Liebesakt zugeht, desto besser findet es der Widdergeborene. Doch neben seinem unbestrittenen Können im Bett werden auch seine Fähigkeiten als Partner durchaus geschätzt. Natürlich nicht von Frauen, die von einer idyllischen und friedlichen Zweierbeziehung träumen. An der Seite eines Widders ist *Action* angesagt. Mehrmals am Abend das Lokal zu wechseln, weil Küche und Service von allen guten Sternen, Kochmützen und Löffeln verlassen sind, kann zur Gewohnheit werden. Und gemeinsamer TV-Genuss ohne Reue ist ebenso unwahrscheinlich wie ein Sechser im Lotto: Der Widder zappt sich hemmungslos durch die Programme, bis ihm tatsächlich Hören und Sehen vergeht. Doch was zählt schon ein vertaner Fernsehabend gegen das Liveprogramm eines Widders, das wie ein magisches Elixier einschläfernde Beziehungsroutine verjagt und jung und aufregend lebendig hält?

Wie klappt's mit den anderen Sternzeichen?

Sich zu kennen ist erst die eine Hälfte des Wegs zum Glück. Die andere Strecke muss auch noch zurückgelegt werden. Dabei geht es darum, seine Mitmenschen, besonders den Partner – das »Du« –, zu erforschen. Erst wenn man beides kennt, sein »Ich« und sein »Du«, verfügt man über die Voraussetzungen für eine funktionierende Beziehung und ein befriedigendes Liebesleben.
Mit jedem Vertreter des Zodiaks erwartet einen etwas anderes. Man selbst bleibt zwar immer der oder die Gleiche. Aber weil das Gegenüber wechselt, verhält man sich anders, je nachdem, um welches Tierkreiszeichen es sich handelt.
In der Astrologie sind nun bestimmte Erkenntnisse und Regeln zusammengestellt, die dabei helfen können, mit den verschiedenen potenziellen Partnern besser umzugehen, gemeinsam mehr

Spaß zu haben, Konflikte zu vermeiden, erfüllter zu lieben und zu leben und länger zusammenzubleiben.
Zuvor ist jedoch noch etwas Grundsätzliches zu sagen: Viele Menschen haben den Eindruck, der Sternenkunde zufolge gäbe es Kombinationen, die gut funktionieren, und andere, die »floppen«. Das ist so falsch. Es gibt keine Verbindung, die unmöglich ist. Mit anderen Worten, als Widdergeborener kann man mit allen, egal, ob Löwe, Wassermann oder Waage. Allerdings verlangt jede Partnerschaft einen bestimmten »Preis«. Bei manchen Kombinationen heißt der Preis Ruhe oder Entspannung, bei anderen braucht man vielleicht mehr Zeit. Auch ist es von Fall zu Fall möglich, dass man mit einem bestimmten Partner in eine Krise gerät und dann etwas unternehmen muss, um sie gemeinsam zu bewältigen. Es gibt keine Beziehung, die nur positiv ist. Es gibt allerdings solche, die bequemer sind als andere. Wer aber will entscheiden, ob Bequemlichkeit in jedem Fall ein erstrebenswertes Gut ist?
Die Astrologie kann dabei helfen, ein erfülltes Leben in der Partnerschaft zu finden. Doch der Mensch verliebt sich – dem Himmel sei Dank – mit dem Herzen. Das Herz ist allemal stärker als irgendwelche Prinzipien, die unter Umständen sogar noch dogmatisch ausgelegt werden. Deswegen sollte man im Zweifelsfall immer auf seine eigene innere Stimme hören, damit nicht aus einer guten Sache, die die Astrologie ja nun mal ist, für Einzelne ein Hindernis auf ihrem Weg zum Glück wird.

Gegensätze ziehen sich an: Widder und Waage

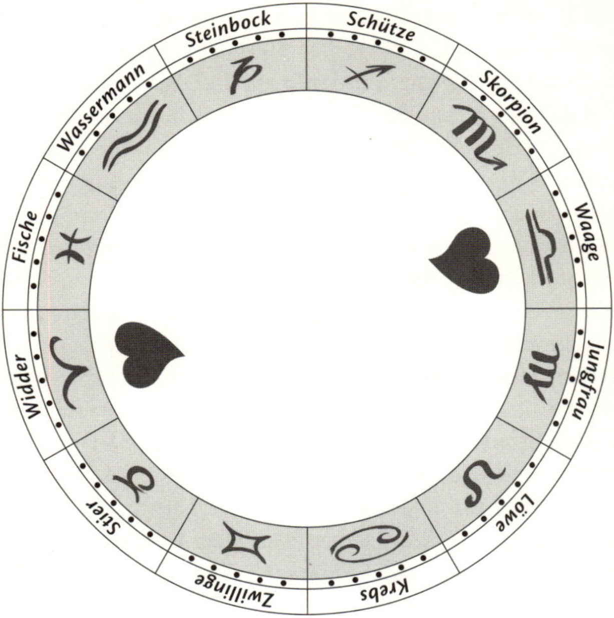

Zwischen dem Widder und der Waage, seinem Gegenzeichen (man nennt es auch »Oppositionszeichen«), liegt im Tierkreis die größtmögliche Distanz. Das bedeutet symbolisch, dass zwischen beiden der größte Unterschied besteht. Kein Vertreter des Zodiaks unterscheidet sich stärker von einem Widder als eine Waage. Von daher könnte man annehmen, Widdergeborene hätten mit solchen Menschen wenig zu tun. Aber das ist ein Irrtum. Der Astrologie zufolge sind zwei sich gegenüberliegende Zeichen zwar so verschieden wie Plus und Minus, aber sie ziehen sich auch an wie der positive und der negative Pol eines elektromagnetischen Feldes. Es fließt also sofort »Strom«, wenn sich Widder und Waage begegnen.

Es ist ungefähr so, als würde man auf einer Reise in ein weit ent-

ferntes Land Menschen begegnen, die zwar völlig anders sind als man selbst, die einen aber faszinieren, interessieren und anziehen – als kennte man sie aus irgendeiner fernen Zeit her ganz genau.
Der Kosmos »will« eben, dass man sich nicht in sein Ebenbild, sondern in seine Ergänzung verliebt. Letztlich sind ja auch Mann und Frau verschieden, und just aus dieser Verschiedenheit heraus erwächst die unwahrscheinliche Spannung, die Gefühle weckt, welche stärker sein können als alles andere auf der Welt.
»Du hast alles, was mir fehlt …!« Das ist die richtige Einstellung zu seinem Kontrapunkt – und: »Zusammen sind wir ganz, so wie zwei Kreishälften einen vollständigen Kreis bilden.« Widder, die Waagen gegenüber eine grundsätzliche Ablehnung hegen, sollten sich dieses astrologische Gesetz der Liebe immer wieder vor Augen halten und in sich hineinspüren. Ganz sicher finden sie eine Resonanz, ein Gefühl von Neugierde und tiefem Interesse, das sie bisher vielleicht nur noch nicht wahrgenommen haben.

Was die Sterne über Widder und Waage sagen

Kein Vertreter des Zodiaks denkt so viel über die Liebe nach und sehnt sich so sehr nach Harmonie wie die Waage. Dem Frieden zuliebe tut sie fast alles, und es braucht schon sehr viel, bis ihr der Geduldsfaden reißt. Am ehesten bringt es der Widder mit seiner angeborenen Lust zum Streiten fertig, die Waage auch einmal zu einer stürmischen Szene zu bewegen.
Zwischen den beiden Zeichen besteht, wie bei einem Magnet, entweder eine Anziehung oder eine Ablehnung. Letztere beruht auf ihrer Unterschiedlichkeit: Die Waage ist *du*orientiert, abwartend, geduldig und sucht Verständnis. Der Widder ist *ich*haft, expansiv, dynamisch, bevormundend und will vor allem Sex.
Die Anziehung beruht darauf, dass es der entschlussgehemmten Waage wie ein glattes Wunder dünkt, wenn der spontane Widder bei Entscheidungen nicht lange herumfackelt: Endlich ist da jemand, der ihr die quälenden Zweifel abnehmen kann! Der Widder wiederum findet in der Waage all das, was ihm fehlt: Geduld,

Stimmigkeit, die Fähigkeit, in sich ruhen zu können, und Entspannung.

Ob nun das eine oder andere überwiegt – die Anziehung oder die Abneigung –, hängt von der Intensität der Liebesgefühle ab. Je größer, frischer und umfassender die Liebe ist, umso eher können die Gegensätze als fruchtbare Ergänzung des jeweils anderen geschätzt werden.

Das kleine Liebesgeheimnis

Gegensätze ziehen sich an. Und was am weitesten voneinander entfernt liegt, kann sich auch am nächsten liegen. Liebe ist gerade die goldene Brücke zwischen Gegensätzen. Sie macht uns ganz, weil sie das bringt, was uns selbst fehlt. In der Astrologie heißt es (und dies ist die Botschaft aller esoterischen Lehren), dass jedes Singuläre und Vereinzelte das Bestreben hat, ganz zu werden. Dieser Wunsch kann umso größer sein, je mehr sich der eine Mensch vom jeweils anderen unterscheidet. Und entsprechend stärker ist die Liebe.

Das gilt in besonderer Weise für eine Beziehung zwischen Widder und Waage. Aber das ist auch eine generelle Gesetzmäßigkeit. Denn jeder andere Mensch, gleich, welchen Tierkreiszeichens, wird in irgendeiner Hinsicht ganz anders sein als Sie. Wenn Ihre Herzdame oder Ihr Herzbube eine Waage ist, sollten Sie diese Verschiedenheit also nicht von vornherein als Störung und Hindernis betrachten, sondern als Chance, noch tiefer, noch umfassender zu lieben.

Knapp vorbei ist auch daneben: Widder und Jungfrau · Widder und Skorpion

In diesem Abschnitt geht es um die Beziehung zu zwei Zeichen, die unmittelbar neben dem Gegenzeichen, der Waage, liegen: um die Jungfrau und den Skorpion. Diese befinden sich somit ebenfalls sehr weit vom Widder entfernt.

Man sollte also annehmen, auch zwischen Widder und Jungfrau einerseits und Widder und Skorpion andererseits wirke eine ähnliche »Anziehung und Abstoßung«. Aber wieder hat die Astrologie eine Überraschung parat: Diese Beziehungen sind schwierig und funktionieren nur unter Vorbehalt. Die Ursache liegt in der unterschiedlichen Grundstimmung. Widder ist, was das Element betrifft, ein Feuerzeichen. Jungfrau ist ein Erd- und Skorpion ein Wasserzeichen. Zwischen Feuer einerseits und Erde bzw. Wasser

andererseits bestehen schwerwiegende Differenzen des Erlebens und Verhaltens.
Man kann sich das wieder ungefähr so vorstellen, als begegnete man auf einer Reise in ein fernes Land Menschen, die allerdings völlig anders sind als man selbst. Aber dieses andere empfindet man zunächst nicht als reizvoll, anziehend und aufregend, sondern es erweckt erst einmal Vorbehalte und stößt auf Ablehnung. Mit einem Wort, man ist sich fremd und findet auf Anhieb keine Möglichkeit, dieses Befremdliche aus dem Weg zu räumen.
Sollte man dann Menschen mit jenen beiden Tierkreiszeichen meiden? Die Antwort lautet natürlich wieder: »Nein!« Denn es gibt auch zahlreiche Gründe, die *für* eine Beziehung mit ihnen sprechen. So lernt man im Umgang mit derartig fremden Naturellen in der Regel sehr viel mehr als mit solchen, die einem vertraut sind.
Es kommt auch vor – und dies passiert gar nicht so selten –, dass es das eigene Schicksal zu sein scheint, gerade Menschen zu lieben, die aus einer völlig konträren Welt kommen. Zum Beispiel kann es sein, dass es in der Familiengeschichte schon einmal oder mehrmals ein derartiges Zusammenkommen mit Fremden gegeben hat (Eltern oder Großeltern etwa können ebenfalls eine solche Beziehung gehabt haben, so dass man seine eigene Existenz diesem Wagnis verdankt).
Doch wie auch immer, man muss wissen, dass man hier keine leichte und bequeme Lösung gewählt hat und nicht erwarten kann, dass sich diese Beziehung ohne Probleme gestalten wird.

Was die Sterne über Widder und Jungfrau sagen

Sie sind ein ungleiches Paar. Der Widder ist direkt, impulsiv, er lässt seinen Gefühlen und seinem Willen freien Lauf. Die Jungfrau dagegen ist kontrolliert und versucht stets, den Weg des geringsten Widerstands einzuschlagen. Mit ihnen treffen Gegensätze aufeinander; daher gehen sie sich in der Regel aus dem Weg.
Wenn sich allerdings die Jungfrau der Liebe öffnet, so sind ihre Gefühle tief, innig und sinnlich. Doch meistens versteckt sie sie

unter dem Deckmantel der Nützlichkeit und einer kühlen Distanziertheit. Sie neigt dazu, sich einen Partner zu suchen, der all das tut, was sie sich selbst nicht erlaubt – zum Beispiel einen Widder. Dieser bringt es fertig, in einer Jungfrau die feurige Lebensfreude zu wecken, nach der sie sich in ihren Phantasien so sehr sehnt. Die Jungfrau wiederum trägt Besonnenheit und ökonomisches Denken in die Beziehung. Zusammen mit dem Leistungswillen des Widders ist dies eine starke Kombination.
Der Widder lernt mehr Geduld, bekommt einen längeren Atem und ist damit in der Lage, seine Inspiration besser in die Tat umzusetzen, statt sie einfach verpuffen zu lassen. Die Jungfrau hingegen lernt, sich und ihren Impulsen mehr zu vertrauen, direkter und selbständiger zu werden.

Was die Sterne über Widder und Skorpion sagen

In dieser Beziehung begegnen sich zwei ungeheure Kraftbolzen und Machtmenschen. Beide sind sehr leidenschaftlich.
Für den Skorpion besitzt Leidenschaft und Sexualität oft eine mystische Dimension. Sein Engagement und seine Gefühle sind tief, und weil er die Menschen, die er liebt, um keinen Preis verlieren will, neigt er zu einem eifersüchtigen und kontrollierenden Verhalten. Der Widder gibt sich egoistisch, lebt aus dem Bauch heraus und ist es nicht gewohnt, großartig Rücksicht auf andere zu nehmen. Für eine Liebesaffäre kann es daher kaum etwas Spannenderes geben als diese zwei Menschen, die aufeinandertreffen, sich reizen, erregen, in Ekstase versetzen und endlich in einem Orgasmus miteinander verschmelzen.
Für eine Ehe oder eheähnliche Gemeinschaft hingegen wird diese Kombination schnell zur Hölle; man vergisst jede Form der Kooperation und des gegenseitigen Respekts, im schlimmsten Falle quält und misshandelt man einander sogar.
Eine Verbindung zwischen diesen beiden Zeichen zeichnet sich durch eine starke Willensintensität aus, und es ist wichtig, das Bedürfnis nach Macht und Dominanz in konstruktive Bahnen zu lenken.

Das kleine Liebesgeheimnis

Wenn Sie als Widdergeborene(r) jemanden kennen oder lieben, dessen Tierkreiszeichen Jungfrau oder Skorpion ist, dann sollten Sie sich sagen, dass es bestimmt Gründe gibt, warum Sie gerade diesem Menschen begegnet sind. Lernen Sie von ihm, dass das Fremde kein Hinderungsgrund für eine tiefe Liebe sein muss. Gehen Sie davon aus, dass Sie zusammen einen zwar schwierigen, aber unglaublich interessanten Weg einschlagen können.

Versuchen Sie immer wieder, die Situation aus den Augen dieses anderen Menschen zu betrachten, sie mit seinen Ohren zu hören und mit seinen Gedanken zu erfassen. Lernen Sie dadurch eine Welt kennen und lieben, von der Sie sonst vielleicht kaum je etwas erfahren hätten.

Ein Vertrauter in der Fremde: Widder und Löwe · Widder und Schütze

Zwischen dem Tierkreiszeichen Widder und den beiden Abschnitten Löwe und Schütze besteht auf dem Zodiak eine relativ große Distanz. Man könnte daher vermuten, dass auch Löwe- und Schützegeborene mit einem Widder nicht so leicht warm werden und dass eine Liebesbeziehung, wenn überhaupt, nur unter großen Schwierigkeiten und mit zahlreichen Hindernissen möglich ist. Aber nach astrologischen Erkenntnissen verhält es sich genau umgekehrt. Widder und Löwe bzw. Schütze verstehen sich in der Regel auf Anhieb und können ohne weiteres eine lebenslange, erfüllte Beziehung führen.

Es ist, als würden wir auf der bereits erwähnten vorgestellten Reise weit in der Ferne plötzlich jemanden treffen, der aus derselben

Stadt kommt und dieselben Menschen kennt wie wir. Man fühlt sich sofort verstanden, hat Gesprächsstoff und ist glücklich, in der Fremde jemandem zu begegnen, der die gleiche Sprache spricht. Das schafft von vornherein Vertrauen, Sicherheit und Nähe.
Der Astrologie zufolge kommen diese Tierkreiszeichen besonders gut miteinander aus und können langjährige Beziehungen eingehen. Ja, es ist eine der klassischen Beziehungen für eine Heirat und Familiengründung.

Was die Sterne über Widder und Löwe sagen

Der natürliche Löwe ist, nach menschlichen Maßstäben, eine majestätische Großkatze, weswegen er als »König der Tiere« bezeichnet wird. Auch die Vertreter des Tierkreiszeichens Löwe spielen in der Liebe grundsätzlich die Hauptrolle und beanspruchen Bewunderung vom anderen Geschlecht. »Der König und sein Ritter« – so könnte eine Beziehung zwischen einem Löwen und einem Widder betitelt werden.
Ihre Gemeinsamkeiten sind Mut, Kampfgeist, Wille, Enthusiasmus, Freude am Sex und feurige Leidenschaft. Sicher kommt es trotzdem zuweilen zu heftigstem Macht- und Rivalitätsgerangel, aber der Löwe ist eines der wenigen Tierkreiszeichen, denen sich der Widder unterordnen kann.
Schwierigkeiten können sich ergeben, wenn die beiden Mühe haben, sich mit den Gegebenheiten des Alltags auseinanderzusetzen, denn sie leben und lieben nun einmal lieber, als zu arbeiten. Auch beansprucht diese Partnerschaft ein bestimmtes Quantum an Luxus. Wird es eng, fehlt es an Geld und freier Zeit, verliert die Beziehung oft ihren strahlenden Glanz, und man fängt an, sich gegenseitig mit Kleinigkeiten zu piesacken. Häufig ist es dann das erste Kind, das dieser Beziehung die Kraft verleiht, Alltag und Lust, Liebe und Pflicht miteinander zu verbinden.

Was die Sterne über Widder und Schütze sagen

Beide sind Feuerzeichen, beide sind temperamentvoll, leidenschaftlich. Wenn sie zusammenkommen, verdoppeln sich das

Feuer und ihre Leidenschaft: Man ist dem Himmel nah, fühlt sich verstanden, geliebt, erfüllt …
Feuerzeichen sind aber auch besonders unabhängige Geschöpfe, die sich ungern festlegen. Diese Eigenschaft »verdoppelt« sich natürlich ebenfalls. Von daher ist die Beständigkeit nicht sehr groß. Eine Beziehung ist für sie primär ein Abenteuer. Beide lieben die Freiheit, lassen sich ungern sagen, was sie zu tun haben, und brauchen Ziele, die sie begeistern. Ein »heiliger Krieg« kann dann entstehen, wenn einer der beiden den Kürzeren zieht (was in einer traditionellen Partnerschaft die Frau ist, die ihr Feuer zu Hause leben muss).
Diese Beziehung braucht ein echtes »Demokratieverständnis«. Es ist ganz wichtig für die beiden, dass sie lernen, einander still und aufmerksam zuzuhören und bei unterschiedlichen Meinungen einen Kompromiss zu suchen.

Das kleine Liebesgeheimnis

Wenn Sie als Widder jemanden kennen oder lieben, dessen Tierkreiszeichen Löwe oder Schütze ist, dann können Sie sehr glücklich sein. Sie haben einen Menschen an Ihrer Seite, der beides mitbringt: genügend Ähnlichkeit und Übereinstimmung einerseits und ausreichend Unterschiedliches und Fremdes andererseits. Ihre Beziehung wird nicht langweilig und einschläfernd.
Sollten Sie dennoch einmal über Eintönigkeit klagen, dann brauchen Sie nur gemeinsam Ihre Siebensachen zu packen und zu verreisen. Sobald Sie Ihre gewohnte Umgebung verlassen, Grenzen überschreiten, gemeinsam in einem Hotelbett liegen, kommen Liebe und Leidenschaft zurück – und es ist wie am allerersten Tag.

Das verflixte Quadrat: Widder und Krebs · Widder und Steinbock

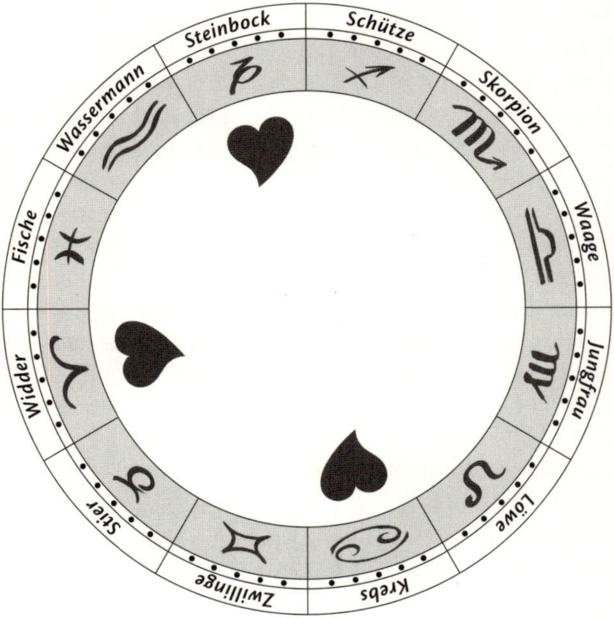

Eine Frau betritt einen Raum, ein Café zum Beispiel, in dem sie noch nie war, was schon von vornherein leicht befremdliche Gefühle und Unsicherheit bei ihr ausgelöst hat. Sie freut sich, da sie einen leeren Tisch sieht, und setzt sich dorthin. Doch dann bemerkt sie aus den Augenwinkeln heraus, dass jemand sie von der Seite anschaut. Sie blickt schnell hoch, doch der (oder die) andere sieht weg. Sobald sie sich aber wieder mit der Speisekarte oder einer Zeitschrift beschäftigt, wiederholt sich das Spiel: Die Frau fühlt sich beobachtet.

Dieser Mensch beginnt ihr auf die Nerven zu gehen, aber da ist auch eine gewisse Neugierde, wer denn diese andere Person sein mag. Kennen sie sich vielleicht von irgendwoher? Ob alles auf

einer Verwechslung beruht? Oder ob der andere vielleicht schräge Absichten hegt?
Ungefähr so gestaltet sich die Kontaktaufnahme zwischen dem Zeichen Widder und jenen, die im Zodiak in einer quadratischen Beziehung (einem Winkel von 90 Grad) zu ihrem Zeichen stehen, also Krebs und Steinbock. Es besteht Interesse und Ablehnung zugleich. Man kennt sich, ohne zu wissen, woher. Man ist interessiert und irritiert, weiß nicht, ob man bleiben oder gehen soll.
Der Astrologie zufolge sind Beziehungen auf der Basis eines Quadrats sehr schwierig, sie stehen unter Spannung, erzeugen Konflikte, schaden der Liebe, stören sie, führen zu einer Trennung oder lassen überhaupt keine Bindung zu. Sollte man dann nicht um solche Tierkreiszeichen besser einen weiten Bogen machen?
Das kann man so nicht sagen. Das Herz entscheidet sich, wie wir wissen, manchmal gerade für einen derartigen Partner. Es funktionieren auch zahlreiche solcher Liebesbeziehungen. Manche halten sogar ein ganzes Leben lang. Aber sie sind nicht einfach. Mit einem Krebs- oder Steinbockpartner werden Widder das Gefühl nie ganz los, dass sie sich nicht entspannen, sich nicht völlig gehenlassen können. Ein bisschen sieht immer alles nach Arbeit und nach Problembewältigung aus. Hier soll eine schicksalhafte Aufgabe gelöst werden.
Das ist meist auch der tiefer liegende Sinn einer derartigen Beziehung. Man muss etwas lernen, bewältigen, in Ordnung bringen. Es gibt Astrologen, die behaupten, solche Bindungen hätten bereits in einem früheren Leben existiert. Damals aber habe man Fehler gemacht, sich nicht respektiert oder was auch immer. Daher müsse man in diesem Leben wieder zusammenkommen, um etwas gutzumachen. Wer weiß …?
Sicher ist, dass Widder mit einem Krebs- oder Steinbockgeborenen etwas lernen. Sie können auch gar nicht anders, wenn ihre Beziehung Bestand haben soll. Eine derartige Partnerschaft ist sogar vorzüglich dafür geeignet, sich persönlich zu entwickeln, aber auch Karriere zu machen. Unbewusst »schiebt« einen der Krebs- oder Steinbockgeborene sozusagen regelrecht auf der Kar-

riereleiter aufwärts. Es kann genauso gut umgekehrt sein, dass Widder ihren Partner nach oben puschen. Die Karriere bzw. der Beruf ist dann etwas, woran sich die Spannung innerhalb einer »Quadratbeziehung« entladen kann.

Eine andere Möglichkeit ist die, dass Paare mit einer derartigen Tierkreiszeichen-Konstellation Kinder bekommen, die dann (auf positive Weise) ebenfalls als »Spannungslöser« wirken. Auch ein guter Freund oder enger Bekannter, sogar ein Haustier wie ein Hund oder eine Katze können diese Rolle übernehmen.

Was die Sterne über Widder und Krebs sagen

Der Krebs geht das Leben im vorsichtigen Krebsgang, während der Widder mit vollem Tatendrang auf sein Ziel losstürmt. Des Weiteren will der Krebs die Dinge hegen und pflegen. Liebe hat für ihn stets auch mit Sicherheit zu tun. Er ist bekannt für den Kult um seinen Privatbereich: Zu Hause in seinen vier Wänden beginnt für ihn das wahre Leben, der Genuss und die Glückseligkeit; draußen in der Welt hingegen lauern Feinde, Gefahren und zahlreiche Ungereimtheiten.

Der Widder erlebt das beinah genau umgekehrt: Draußen spielt die Musik! Dort findet er die Abenteuer für seine feurige Seele. Feuer (das Element des Widders) und Wasser (Krebs) können schlecht nebeneinander existieren. Tatsächlich herrscht in vielen Beziehungen zwischen Krebs und Widder permanenter »Krieg«: Wer unterdrückt wen mehr? Wer lebt auf Kosten des anderen?

Es kommen sehr typische weibliche und männliche Eigenschaften zum Ausdruck. Von daher klappt die Partnerschaft meist besser (und sie besteht auch länger), wenn es sich um eine sogenannte klassische Rollenaufteilung – Mann/Widder, Frau/Krebs – handelt. Früher oder später knistert und knallt es aber allemal, gleich, ob es eine »moderne« oder traditionelle Beziehung und wer Widder oder Krebs ist.

Diese Verbindung hat die besten Chancen, wenn das Gleichgewicht zwischen Ruhe und Aktivität gefunden werden kann. Dann gewinnen beide Tierkreiszeichen etwas hinzu: Der Widder lernt die Welt der Gefühle kennen, erlangt Tiefe und seelische Einsicht. Der Krebs wiederum erhält vom Widder die Inspiration, die ihn aus seiner Selbstverstrickung und ewigen Nabelschau erlösen kann, und wird feuriger und lebendiger.

Was die Sterne über Widder und Steinbock sagen

Kein anderes Zeichen legt so viel Wert auf Pflicht und Loyalität wie der Steinbock. Es fällt ihm oft schwer, seine Zuneigung und seine Gefühle zu zeigen. Leidenschaften traut er nicht, und seine Sexualität und seine ausgeprägte Sinnlichkeit scheint er gern zu verdrängen. Vielleicht scheut er auch das Risiko, weil ihm letztlich das gesellschaftliche Ansehen wichtiger ist. Im Grunde seines Herzens sucht er jedoch einen Partner, der ihn auflockert.

Hier ist er beim Widder genau an der richtigen Adresse. Der kann ihn aus der Reserve holen und bringt dann seine spontanen Saiten zum Klingen. Eine Liaison oder eine gemeinsam verbrachte Nacht ist daher wie der Himmel auf Erden, weil auch der Widder durch die Kühle des Steinbocks zu allerhöchsten Anstrengungen motiviert wird.

Dennoch kommt es hier eher selten zu einer längeren Partnerschaft. Wie's weitergeht, hängt nämlich völlig davon ab, wie kompromissbereit beide sind. Erlebt der Steinbock den Widder als permanente Störung, als rotes Tuch, als einen, der sich den Gesetzen des Lebens und der Gemeinschaft nicht fügen will? Betrachtet der Widder den anderen als ewigen »Controlletto«, der ihm jede Freude vermiest? Beide haben Hörner – also gnade ihnen Gott, wenn es zu keiner Einigung kommt …

Das kleine Liebesgeheimnis

Wenn Sie als Widder einen Menschen kennen oder lieben, dessen Tierkreiszeichen Krebs oder Steinbock ist, haben Sie einen eher schwierigen Partner gewählt. Aber das muss in gar keiner Weise etwas Negatives sein. Wer will beurteilen, ob Beziehungen immer locker und leicht sein sollen? Lernen wir nicht alle aus dem, was schwierig, problematisch, unangenehm ist? Und das bedeutet ja auch keineswegs, dass Sie mit einem derartigen Partner nicht auch Ihr Glück finden.

Nur Folgendes sollten Sie wissen: Diese Beziehung braucht Kraft und Mut. Sie ist keine Angelegenheit, die so nebenbei läuft. Sie müssen sich immer wieder auseinandersetzen, zueinanderfinden, Ihre Unterschiede betonen und dennoch kompromissbereit sein.

Und Sie dürfen eins niemals vergessen: Sie sind diese Beziehung freiwillig eingegangen, Sie können sie notfalls auch wieder beenden. Es ist Ihre immer wieder neue Entscheidung (und natürlich auch die Ihres Partners), ob Sie zusammenbleiben wollen. Sie müssen sich nicht bis zur Selbsterschöpfung aufreiben.

Gute Freunde und mehr: Widder und Zwillinge · Widder und Wassermann

Die beiden Tierkreiszeichen Zwillinge und Wassermann sind dem Abschnitt Widder sehr nah, lediglich ein einziger Abschnitt des Zodiaks liegt jeweils dazwischen. Von daher darf man erwarten, dass es sich bei einem Zwillinge- oder Wassermannpartner um jemanden handelt, der ähnlich ist, die gleichen Anschauungen hat und so denkt und fühlt wie man selbst. Es ist ungefähr so, als würde man jemanden kennenlernen, der in unmittelbarer Nachbarschaft wohnt, in dieselbe Schule geht oder im selben Betrieb arbeitet.

Trotzdem unterscheidet sich dieser Mensch von Widdergeborenen in einem wesentlichen Punkt: Die Widder sind vom Element her Feuer; Zwillinge bzw. Wassermann jedoch sind Luftzeichen.

Insofern teilen Widder mit ihnen viel Ähnliches und Verwandtes, aber es gibt auch mehr als genügend Unterschiedliches, so dass es sehr reizvoll ist, einander näher kennenzulernen. Und der Astrologie zufolge gehören diese Beziehungen zu den bestmöglichen!

Was die Sterne über Widder und Zwillinge sagen

Zwillinge genießen die Leichtigkeit des Seins und leben in ihrer herrlichen Welt der Gedanken und Ideen. Sie brauchen die Möglichkeit des Austauschs und des kooperativen Miteinanders. Der temperamentvolle, dynamische und erotische Widder erkennt in dem Zwillingegeborenen einen herrlichen Gespielen, seinen Seelenbruder, seine Seelenschwester, sein Alter Ego, mit dem sich das Leben wunderbar gemeinsam durchwandern lässt. Er ist spontan wie er, so direkt und so verspielt.
In einer Beziehung dieser beiden Tierkreiszeichen findet sich die Balance zwischen lebhaften Diskussionen und praktischem Handeln, was zu immer neuen Ideen und abenteuerlichen Unternehmungen führen kann.
Einzig und allein auf Seiten der Zwillinge treten Vorbehalte auf, denn sie fühlen sich häufig den selbstbewussten Widdern hoffnungslos unterlegen. Dann kommt es darauf an, ob es dem Widderpartner gelingt, seinem charmanten Herzensbrecher das Gefühl zu geben, ein »richtiger« Mann bzw. eine »richtige« Frau zu sein.

Was die Sterne über Widder und Wassermann sagen

Einem Wassermann gehen seine Freiheit und sein Bedürfnis nach Individualität über alles. Trotzdem ist er treu, schon deswegen, weil romantische Liebesaffären einfach nicht zu seinem Lebensstil passen. Er ist in der Welt der Ideen zu Hause, Gefühle verwirren ihn eher und bringen ihn aus dem Konzept. Freundschaften bedeuten ihm viel, wenn nicht sogar mehr als eine Liebesbeziehung.
Mit einem Widder ergänzt er sich phantastisch! Beide sind ausgesprochen extravertierte Geschöpfe. Ein Zusammentreffen verdop-

pelt ihre Schubkraft und erlaubt Grenzenloses bei Liebe und Sex, reizt zu geistigen Höhenflügen und kitzelt Exzesse hervor.
Irgendwann ist der Honeymoon allerdings vorüber und »der Saft raus«. Dann trennen sich die meisten, die süchtig sind nach solchen Partnern, bei denen es wieder genauso funkt und sprüht. Diejenigen, die zusammenbleiben, durchlaufen eine Phase der Angst: Liebt er/sie mich auch, wenn wir nicht auf Wolke sieben schweben? Mit der Zeit entsteht eine Partnerschaft und Freundschaft mit großer Seelentiefe, manchmal für immer!

Das kleine Liebesgeheimnis

Wenn Sie als Widder einen Zwillingegeborenen oder einen Wassermann kennen, haben Sie einen für Sie idealen Partner gefunden. Sie werden sich prima verstehen, und Sie haben einen Menschen an Ihrer Seite, auf den Sie sich verlassen können. Ihr Partner ist vom Element her Luft, während Sie selbst ein Feuerzeichen sind. Feuer und Luft, so heißt es in der Astrologie, ergänzen sich bestens. Im Alltag werden Sie dies als Fröhlichkeit und Glück erleben.
Gelegentlich aufkommende Langeweile oder Disharmonien können Sie immer aus der Welt schaffen, indem Sie gemeinsam etwas unternehmen. Aber Sie sind »Freunde«, vergessen Sie das nie! Freunde versuchen sich nicht zu gängeln und auch nicht zu betrügen. Solange Sie diese Spielregel beachten, leben Sie in einer glücklichen Partnerschaft, die durch Kinder noch stabiler und erfüllter werden wird.

(Nicht immer) gute Nachbarn: Widder und Stier · Widder und Fische

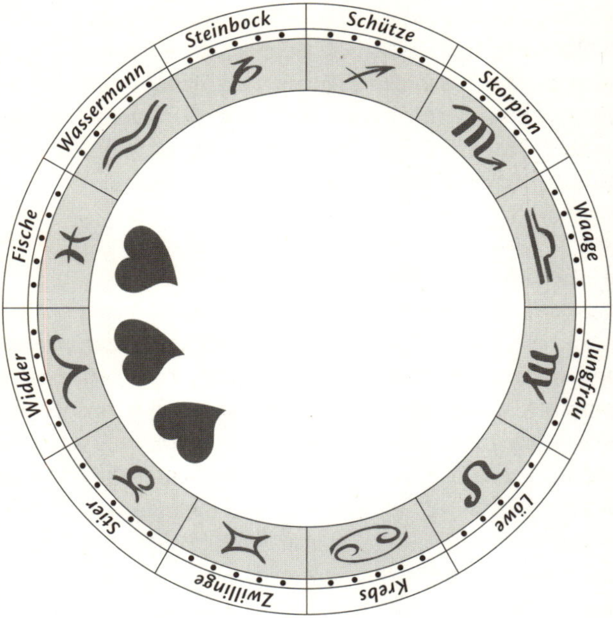

Die beiden Tierkreiszeichen Stier und Fische liegen auf dem Zodiak unmittelbar neben dem Widderabschnitt. Von daher erwartet man vielleicht, dass man sich – wie es bei »richtigen« Nachbarn auch sein sollte – wunderbar versteht.

Einerseits trifft das sicher zu: Die Kombination von nebeneinanderliegenden Tierkreiszeichen ist tatsächlich häufig, und diese Beziehungen sind oft sehr befriedigend. Beide Partner haben das Gefühl, dass sie zueinandergehören, und fühlen sich, wenn sie sich kennenlernen, sehr schnell vertraut – so als wären sie uralte Bekannte, vielleicht sogar noch mehr, Geschwister zum Beispiel.

Aber das ist nur die eine Seite der Medaille. Wie es bei besagten »richtigen« Nachbarn oder Geschwistern bekanntermaßen auch

vorkommt, entsteht schnell das Gefühl von Konkurrenz, Neid und Eifersucht. Es ist, als müsste sich jeder dem anderen gegenüber behaupten und besser, unabhängiger, liebevoller oder sonst was sein. Insbesondere die Unterschiede werden dabei zu stark hervorgehoben. Solche Differenzen bestehen ja in der Tat, aber sie sind etwas ganz Normales. Denn bei den Widdern handelt es sich um ein Feuerzeichen, während die beiden Nachbarn den Elementen Erde (Stier) bzw. Wasser (Fische) zugeordnet sind.
Man ringt also um Abgrenzung und Individualität: Bei Geschwistern entwickelt man sich ab einem bestimmten Alter auseinander, aber keineswegs, weil man sich nicht mehr liebt, sondern weil man eigene Wege gehen muss und zu viel Nähe und Vertrautheit einen daran hindern würden. Ähnliches kann in einer Partnerschaft geschehen. Zwei Vertreter von Tierkreiszeichen, die nebeneinanderliegen, können zuweilen sogar recht niederträchtig miteinander umspringen. Hier gilt es, beizeiten zu lernen, sein Bedürfnis nach Abgrenzung auf positive Weise auszuleben. Denn nur dann, wenn man seine Individualität pflegt, ohne den anderen zu diskriminieren, gibt es eine glückliche Zweisamkeit, die Bestand hat.

Was die Sterne über Widder und Stier sagen

Der Stier hat die Tendenz, die Menschen, die er liebt, gleich besitzen zu wollen. Und wenn er sich einmal entschließt, treu zu sein, so ist er denn auch *sehr* treu. Der Widder hingegen wird von einem steten Drängen nach Aufbruch und Abwechslung geleitet. Der Stiergeborene will darüber hinaus in Ruhe genießen können; für den Widder hingegen sind Genuss und Ruhe quasi unvereinbar.
Nun haben beide Hörner und einen furchtbar sturen Schädel. Wenn es also zu Konflikten kommt, fliegen die Fetzen. Keiner weicht auch nur einen Deut von seiner Meinung ab. In positiven Zeiten allerdings ist diese Beziehung wundervoll. Der leidenschaftliche Widder findet beim Stier all das, wonach es ihn gelüstet: Erotik, Sinnlichkeit und schier unerschöpfliche Lust am Liebesspiel. Und der Widder verpasst dem Stier die notwendigen

Impulse, damit dieser nicht einschläft und besser in die Gänge kommt.
Der Stier sollte sich allerdings davor hüten, seinem geliebten Widder sämtliche Wünsche von den Augen abzulesen und ihm ein bequemes Leben zu bieten. Das genau ist, was der Widder *nicht* braucht. Er will Herausforderungen begegnen. Umgekehrt muss der Widdergeborene irgendwann auch das Ruhebedürfnis des Stiers respektieren und kann nicht ununterbrochen auf ihn »einpowern«.

Was die Sterne über Widder und Fische sagen

Der Fischegeborene verfügt über Empfindsamkeit und Einfühlungsvermögen im Überfluss. Seine Liebe gilt selten nur einem einzigen Menschen, was eine Beziehung mit ihm sehr schwer und oft auch leidvoll macht. Der Widder seinerseits ist ebenfalls kein Kostverächter. Trotzdem wirft er dem anderen gegebenenfalls Treulosigkeit vor, und zwar deswegen, weil er, der Widder, seine Eskapaden öffentlich durchzieht, Fische jedoch zu Heimlichkeiten neigen.
Aber das ist nur einer der zahlreichen Widersprüche und Unterschiede. Obwohl sie im Tierkreis unmittelbar nebeneinanderliegen und sich sehr vertraut sind, trennen sie auf der anderen Seite Welten. Mit dem Widder beginnt der Zodiak, mit den Fischen endet er. Tatsächlich leben auch Widdermenschen mit der Grundstimmung, dass sie sich in dieser Welt behaupten müssten, dass es darum gehe, sich einzubringen, etwas zu erreichen, sich einen Namen zu machen. Fische hingegen sehen dies alles wesentlich lässiger und distanzierter. In ihnen keimt darüber hinaus ein Wissen darüber, dass all dies, wofür sich der Widder abplagt und abstrampelt, für sie längst gegessen ist.
Das kann einerseits natürlich unglaublich reizvoll sein, beide betreten beim jeweils anderen Räume, die sie nicht kennen. Aber es ist auch wahnsinnig nervenaufreibend und im ungünstigen Falle regelrecht destruktiv. Kraftvoll und kreativ kann sich eine Beziehung zwischen zwei so unterschiedlichen Zeichen dann ent-

wickeln, wenn ein Gleichgewicht zwischen dem unermüdlichen Tatendrang des Widders und der schöpferischen Welt der Fische gefunden wird.

Das kleine Liebesgeheimnis

Mit einem Stier- oder Fischepartner haben Sie als Widder einen wunderbaren Menschen an Ihrer Seite: Seine Welt ist Ihnen vertraut, er ist wie ein guter Bruder oder eine liebevolle Schwester zu Ihnen, er wird auf Sie aufpassen und Ihnen das Gefühl von Geborgenheit schenken – und genauso verhalten Sie sich umgekehrt ihm gegenüber.

Sie müssen aber wissen, dass Sie sich unter Umständen **zu** *nahe sind, weswegen sich Ihre Unterschiede nicht richtig entfalten können. Eine derartige Beziehung geht nur dann gut, wenn Sie sich Ihre natürliche Verschiedenheit zugestehen und trotz Ihrer großen Nähe immer wieder ganz andere Wege gehen. Kultivieren Sie Ihren Unterschied! Lassen Sie nicht zu, dass Sie sich noch ähnlicher werden! Unternehmen Sie immer wieder einmal etwas allein – das hilft Ihrer Liebe.*

Wenn es zu Konflikten kommt, ist es wichtig, dass Sie Differenzen herausarbeiten und sie sich auch gegenseitig zugestehen.

Ich liebe ... »mich«: Widder und Widder

Eine Beziehung zwischen Menschen mit dem gleichen Tierkreiszeichen ist so eine Geschichte für sich. Zum einen hat man seinen »Zwillingsbruder« bzw. seine »Zwillingsschwester« gefunden, und man kennt den anderen wie sich selbst. Man ist sich vertraut, denkt, fühlt, handelt genauso, und das kann wunderschön sein. Manchmal versteht man sich sogar ganz ohne Worte. Beim Thema Sex zum Beispiel scheint der andere genau die Wünsche zu erraten, die man selbst immer träumt.

Auf der anderen Seite kann man sich auch *zu* ähnlich sein. Menschen haben nicht nur ein Bedürfnis nach Nähe, Ähnlichkeit und Verständnis, sondern auch nach Individualisierung, nach Abgrenzung, nach dem Anderssein. Und genau dieses Bedürfnis »stört« in Beziehungen mit dem gleichen Tierkreiszeichen normalerweise

früher oder später die Liebe. Es kommt dann zu der paradoxen und absurden Situation, dass zwei Menschen, die sich im Grunde eigentlich so gleichen wie ein Ei dem anderen, plötzlich ihre Unterschiede betonen, als kämen sie von zwei verschiedenen Planeten, und sich am Ende überhaupt nicht mehr verstehen.
Wozu sollte man dann eine derartige Beziehung überhaupt eingehen? Nun, wie gesagt hat man ja erstens oft gar keine andere Wahl, weil das Herz (Gott sei Dank!) allemal stärker ist als irgendwelche Theorien. Und zweitens ist eine Beziehung mit einem Menschen desselben Tierkreiszeichens sehr wohl ein Gewinn. Infolge der ständigen Auseinandersetzung mit dem »Doppelgänger« kann man nämlich damit beginnen, seine eigenen Qualitäten stärker zu erleben. Das ist insbesondere für diejenigen wichtig, die ihre Stärken und Schwächen nicht richtig kennen. Genauso bedeutsam ist ein anderer Aspekt: Wer einen Partner mit demselben Tierkreiszeichen liebt, kommt vielleicht auf diesem Weg auch zur Liebe zu sich selbst.

Was die Sterne über Widder und Widder sagen

Hier prallt Feuer auf Feuer und Temperament auf Temperament. Die Chance und die Gefahr liegen im Leistungswettbewerb: ein klassisches Machtgerangel. Zugleich sind sie aber auch sehr stark miteinander verbunden. Irgendwann werden die Streitigkeiten nicht mehr so wichtig sein, da es ohnehin nur um Nebensächlichkeiten geht. In der großen Linie stimmt man nämlich völlig überein.
Problematisch könnte allerdings noch eine andere Widdereigenschaft werden: die geringe Beständigkeit, die sich nach Adam Riese bei zwei dieser Geschöpfe gleich verdoppelt. Normalerweise ist ihre Beziehung daher leidenschaftlich und tief, aber eben auch ziemlich kurz. Ausnahmen bestätigen wie immer die Regel.
Wenn die Bereitschaft zur Anpassung da ist und sich kein Partner unterordnen muss, so ist dies mit Bestimmtheit alles andere als eine langweilige Beziehung, und die beiden können zusammen viel erreichen.

Das kleine Liebesgeheimnis

Eine Beziehung zweier Menschen mit dem gleichen Tierkreiszeichen wird in aller Regel nach einer anfänglichen Phase kolossaler Euphorie mit Schwierigkeiten konfrontiert. Es geht dann darum, das Gemeinsame und das Unterschiedliche auseinanderzuhalten und sich nicht in extremen Positionen zu verlieren. Für eine derartige Beziehung ist es besonders wichtig, Unterschiede wohlwollend zu akzeptieren und sich gegenseitig möglichst viele Freiräume zuzugestehen.

Ganz falsch wäre es allerdings, wenn die Partner versuchten, ***noch*** *mehr Ähnlichkeiten herzustellen, zum Beispiel indem sie miteinander arbeiten oder jede freie Stunde gemeinsam verbringen.*

Der Widder und seine Gesundheit

Seit über zweitausend Jahren existiert eine systematische astrologische Gesundheitslehre, und bis weit über das Mittelalter hinaus bedienten sich die meisten Ärzte dieser Systematik, um Krankheiten zu diagnostizieren und zu heilen. Ein guter Arzt war früher immer auch ein Astrologe. Seine Diagnose und Behandlung richtete sich nach den Sternen. Nie wäre einem damaligen Medicus eingefallen, einen Eingriff am Körper vorzunehmen, ohne die Konstellation der Sterne zu konsultieren. Erst im Zusammenhang mit dem in der Einleitung erwähnten Niedergang der Astrologie ab dem 16. bzw. 17. Jahrhundert trennte sich die Medizin von der Astrologie. In jüngster Zeit allerdings beginnen immer mehr ganzheitlich denkende Ärzte, sie wieder mit einzubeziehen, wenn es um Vorbeugung, Diagnose und Behandlung geht – und die Erfolge geben ihnen recht. Dass man zum Beispiel Operationen oder Zahnextraktionen besser bei abnehmendem Mond vornimmt, ist heute eine weitverbreitete Erkenntnis, was nicht nur viele Patienten wissen, sondern auch immer mehr Ärzte berücksichtigen. Ebenso findet die allgemeine astrologische Gesundheitslehre, wonach jedem Sternzeichen bestimmte Krankheitsdispositionen zugeordnet werden, bei immer mehr Menschen Beachtung. Ich bin überzeugt von ihr. Wer sich nach ihr richtet, bleibt länger gesund, jung, dynamisch und unterstützt bei einer Krankheit ohne Zweifel den Genesungsprozess.

Die Schwachstellen von Widdergeborenen

Die Astrologie sagt, Widdergeborene bekämen leicht Kopfschmerzen oder Migräne und Probleme mit den Ohren, mit der Nase oder den Zähnen. Und das stimmt. Alle Erfahrungen sprechen dafür, dass Widder eher am Kopf erkranken als andere. Der Kopf ist also eine Schwachstelle, im medizinischen Jargon ihr Locus minoris resistentiae, der »Ort des geringeren Widerstands«. Aber das trifft eigentlich so nicht zu. In Wirklichkeit handelt es sich dabei nicht um eine schwache, sondern sogar um die stärkste Stelle ihres Seins. Da der Kopf jedoch das bevorzugte Medium der Lebensbewältigung ist, wird er entsprechend strapaziert. Man muss sich seiner daher besonders annehmen, ihn pflegen und hegen.

Widder können natürlich auch andere Leiden bekommen. Aber der Ursprung bzw. die Ursache jeder Erkrankung – und das ist der springende Punkt – wird sich immer auf den Kopfbereich zurückführen lassen. Hier entscheidet es sich, ob Widder erkranken oder gesund bleiben. Dazu bedarf es einer Erklärung, die tiefer in die Materie eintaucht.

Immer dem Licht entgegen

Widder sind in den ersten Frühlingswochen geboren. Mit dem Frühlingsbeginn am 21. März überholt das Licht die Dunkelheit und hat somit im Kampf gegen die Nacht einen Sieg errungen, der von nun an bis in den Sommer hinein immer weiter ausgebaut wird. Jeden Tag geht die Sonne früher auf und später unter. Dieser Kampf zwischen Licht und Dunkelheit lebt in einem Widder weiter und erfüllt sein ganzes Sein: sein Inneres und Äußeres, jede einzelne Zelle. Man könnte Widder auch »Ritter des Lichts« nennen, Wesen, die antreten, um gegen die Dunkelheit zu kämpfen.

Das ist der Grund für ihre immense Unruhe. Denn in ihrem Innern streiten sich ständig Helligkeit und Finsternis. Deswegen können sie auch Stillstand und Ruhe kaum ertragen. Denn das hieße für sie, das Feld der Dunkelheit zu überlassen. Sie kämpfen daher unablässig gegen das Böse und Schlechte, das sie mit dem Dunklen gleichsetzen. Licht bedeutet ihnen alles. Licht heißt Leben, Dunkelheit Tod.

Natürlich hinterlässt dieser ständige Kampf in ihrem Inneren seine Spuren; denn die Dunkelheit hat viele Gesichter: Menschen, die dumpf sind und denen die Dunkelheit zur Gewohnheit geworden ist. Ein freudloser Alltag, eingesperrt in ein Büro oder in eine Fabrik. Menschen, die neidisch sind auf ihr Licht und sie bekämpfen.

Aber auch Einsamkeit kann zur Dunkelheit werden. Zuweilen fühlen sich Widder in ihrem Alltag wie Kämpfer nach einer Schlacht: angeschlagen, verletzt, ausgelaugt. Werden sie krank, hat immer das Licht verloren – und die Dunkelheit gesiegt. Das ist auch der Grund, warum sie zum Beispiel bei einem Migräneanfall kein Licht mehr ertragen können: Sie ergeben sich der Nacht, sie geben sich auf.

Das »Dritte Auge«

Aber warum erkranken sie zuerst am Kopf? Auf diese Frage gibt es zwei Antworten. Die Augen sind das Tor, durch welches das Licht seinen Weg in das Innerste findet. Über die Augen hat man am Leben teil. Eine weitere, mindestens ebenso wichtige Öffnung am Kopf befindet sich jedoch auf der Stirn: Dieses Tor ist unsichtbar, aber dennoch findet das Licht seinen Weg hier hindurch. Es ist das »Dritte Auge«, ein heiliger Punkt auf der Stirn über der Nasenwurzel. Über jenes feinenergetische Zentrum sind Widder mit dem ewigen Licht verbunden. Mit solcher Unterstützung kämpfen sie einen guten Kampf gegen das Dunkle, selbstlos wie ein Ritter aus König Arturs Tafelrunde. Ihr Heiliger Gral ist das Licht.

Widder müssen lernen, einen Weg zu finden, der sie nicht krank macht, ihnen keine Schmerzen zufügt – und das Wichtigste: Sie müssen es tun, bevor die ersten Folgeerscheinungen auftreten. Ich möchte den Widdern zeigen, dass und wie sie sich schützen können und trotzdem ihre große Liebe zum Leben behalten.

Vorbeugung und Heilen

Am Anfang jeder vorbeugenden Maßnahme und Heilung steht bewusstes Erkennen. Einsicht veranlasst uns mit der Zeit dazu, eine bestimmte (falsche, ungesunde) Art zu leben in eine bessere, gesündere zu ändern. Einsicht bedeutet aber auch noch mehr. Zwischen Erkenntnis und dem Körper besteht eine Verständigung. Wissen und Einsicht erhalten bzw. bewirken Gesundheit. Allein daran zu denken, dass eine besondere Veranlagung zu bestimmten Erkrankungen besteht, verändert nicht nur das Verhalten, sondern auch die entsprechenden Körperfunktionen. Einsicht schließt auch ein Verstehen körperlicher und psychosomatischer Zusammenhänge mit ein. Wenn man verstanden hat, wie der Organismus funktioniert, und nachvollziehen kann, wie es zu körperlichen und seelischen Krankheiten kommt, wird jeder verantwortungsbewusste Mensch wacher und gesünder leben.

Auf den Kopf kommt's an

Vom Sternzeichen ausgehend, sind Widder wie gesagt Menschen, die das Leben »mit dem Kopf« respektive »mit dem Kopf voraus« zu bewältigen versuchen. Krankheiten und Störungen nehmen daher dort ihren Anfang, weil dieser Teil ihres Körpers am meisten beansprucht wird, Widder mit ihm sozusagen immer an vorderster Front stehen im täglichen Lebenskampf. Diese Selbsterkenntnis ist auf ihrem Weg zu mehr Gesundheit und Vitalität der erste und wichtigste Schritt, den sie vollziehen müssen. Sie sind besonders schnell, spontan, direkt und erleben das Dasein als einen ununterbrochenen Konkurrenzkampf.
Der zweite Schritt ist, die körperlichen Funktionen des Widder»organs« Kopf und seine Bedeutung für das Verhalten zu kennen. Das Haupt stellt die Krönung des menschlichen Körpers dar. Es trägt das Gehirn, die Zentrale unseres Lebens. Darin spielen sich die meisten unwillkürlichen oder unbewussten und bewussten Vorgänge ab. Dort befinden sich auch sämtliche gesammelten Erinnerungen aus diesem und möglicherweise aus früheren Leben bis hin zur Urzeit der Menschheit. Das Haupt bzw. das Gesicht lässt auf den Charakter schließen; jemand kann offen, gutmütig, verschlossen oder niederträchtig wirken. Am Kopf misst sich auch die ganze Größe eines Menschen. Er befindet sich über dem Rest des Körpers, vollendet und erhöht ihn. Kraft Reifung und Bewusstwerdung entscheidet sich in ihm, ob ein Mensch sein ganzes Leben lang nur vor sich hin dämmert oder gar erleuchtet wird, mit allen

Nuancen, die zwischen diesen Extremen liegen. Der Kopf ist verantwortlich dafür, ob wir eher den animalischen Seiten unseres Daseins verhaftet bleiben oder zum »Engelmenschen« erhöht werden.
Seine überragende Bedeutung spiegelt sich auch in der Umgangssprache wider; höchstens das Herz taucht noch in ähnlich zahlreichen Redewendungen auf. Wer zu viel denkt, wirkt »verkopft«; und wer zu wenig überlegt, hat »ein Brett vorm Kopf«. Es gibt »kopflastige« Personen, und andere laufen gar »kopflos« durch die Welt. Manche »lassen den Kopf hängen«, anderen »wird der Kopf verdreht«. Es besteht aber auch die Möglichkeit, einen »kühlen Kopf zu bewahren«. Man kennt »dickköpfige« Individuen, und manche unter diesen möchten regelrecht »mit dem Kopf durch die Wand«. Das Synonym für »Kopf«, »Haupt«, verleiht als Wortbestandteil dem Gesamtbegriff eine besondere Bedeutung. Man denke nur an einen »Hauptmann«, an eine »Hauptsache«, eine »Hauptstadt« oder an das »Hauptwort«.
Menschen, die zu Kopfschmerzen oder anderen Widdersymptomen neigen, sollten lernen, mit ihren Kräften anders umzugehen, sich ganz bewusst mehr zuzutrauen, mehr zu riskieren, öfters etwas Spontanes und Ungeplantes zu unternehmen. Sie brauchen ein Ventil für ihre Widderenergie: Sie sollten Sport treiben, sich eine Freizeitbeschäftigung suchen, bei der Action angesagt ist. In den Ferien sollten sie sich nicht einfach an den Strand legen, sondern zum Beispiel einen Abenteuerurlaub buchen.

Übungen »Den Kopf hergeben« und »Aggressiv sein«

Die erste Übung ist für alle Widder als prophylaktische und als therapeutische Maßnahme hervorragend geeignet. Darüber hinaus verschafft sie jedem Menschen einen ausgesprochenen Genuss.
Partner A legt sich auf den Rücken, während Partner B sich hinter den Kopf von A setzt. B schiebt sehr behutsam seine beiden Hände unters Haupt von A, bis sich die Fingerspitzen berühren. Dann hebt B ganz langsam den Kopf von A und beginnt, ihn ganz sachte hin-

und herzuwiegen. Dabei ist es sehr wichtig, dass B wirklich so vorgeht, wie es der Kopf als Krönung des Menschen verdient. Nach zehn bis fünfzehn Minuten legt man den Kopf wieder sachte ab.
Hier noch eine Übung gegen Spannungskopfschmerzen für den »Hausgebrauch«: Man lege eine dicke Decke auf den Boden, stelle sich darauf, bilde Fäuste und beginne, so fest wie möglich mit den Füßen auf der Decke zu stampfen. Dabei kann man immer wieder knurren oder zischen: »Nein, nein, nein!« Falls man allein wohnt, mag man auch ganz laut schreien.
Diese »Aggressivitätsübung« wurde Kindern abgeschaut. Kinder schützen sich noch auf eine völlig natürliche Art und Weise vor Spannungen und damit auch vor Kopfschmerzen.

Die Apotheke der Natur

Im April, noch ehe die blauen Märzenveilchen Knöpfe bilden, grabe man die Stöcke aus und schneide das Kraut von der Wurzel. Letztere dörre man im Schatten und hebe sie auf. Eine Abkochung ist bei Hautausschlägen, die eine feurige (Yang) Ursache haben, gut zu verwenden. Des Weiteren blühen in diesem Monat Brunnenkresse, Eiche, Enzian, Huflattich, Isländisch Moos, Kalmus, Klette, Löffelkraut, Rosmarin, Zinnkraut und Schlüsselblume. Viele dieser Pflanzen, wie das Isländische Moos, die Klette, Löffelkraut und die Schlüsselblume (besonders geeignet gegen Kopfschmerzen), sind alte Heilmittel zur Stärkung der Widerstandskraft und des inneren Feuers und damit ausgesprochene Widderpflanzen.

Die richtige Diät für Widder

Wie alles andere auch, muss eine Ernährungsumstellung für den Widder neu und irgendwie »fetzig« sein. Also keine »Alte-Semmel-«, »Trauben-« oder »Müslidiät«, sondern vielleicht der letzte Schrei aus den USA, zum Beispiel die »Grapefruit-Olivenöl-Diät« oder das »Weightwatching«, das dem Widder schon allein deswegen Spaß machen könnte, weil er dann ständig auf die Waage starren kann.

Klar ist auch, dass eine Diät effektiv sein und bald sichtbare Erfolge zeigen muss; denn der Widder ist ungeduldig. Und jetzt sind wir meines Erachtens beim springenden Punkt: Widder essen schnell, und sie essen, eben weil das am flottesten geht, gern »Junkfood«. Ich denke daher, sorgfältiges und bewusstes Essen ist für den Widder eigentlich noch wichtiger als eine spezielle Diät.
Widder sollten sich jeden Monat eine Woche lang gesund und sehr bewusst ernähren. Sie sollten dabei lange kauen und sich auf das Essen konzentrieren, also nicht nebenbei zum Beispiel die Zeitung lesen. Am wirkungsvollsten ist eine derartige Maßnahme, wenn sie die letzten sieben Tage vor dem Neumond durchgeführt wird. Denn dann hilft auch Frau Luna beim Pfundepurzeln.

Beruf und Karriere

Der Abenteurer

Ich kenne einen Widder, der mich seit mehreren Jahren immer wieder aufsucht, um, wie er es nennt, »sich zu orientieren, wie es weitergeht«. Er heißt Hans, und in gewisser Weise ist sein beruflicher Werdegang typisch für sein Tierkreiszeichen.
Hans machte Abitur und wollte eigentlich Künstler werden. Der Wunsch, einen solch schöpferischen Beruf zu ergreifen, ist beim Widder stark, und man findet viele geniale Maler von Weltformat mit diesem Sternzeichen, beispielsweise Vincent van Gogh, Francisco de Goya oder Alfred Kubin. Jeder Widder hat Geschmack und begeistert sich für Malerei, Bildhauerei oder Musik. Sie leisten Großes in der Werbung, bei der Aufbereitung wie bei der Präsentation. Wenn Widder eine Idee entwickeln, ein Bild entwerfen oder einer Komposition nachspüren, sind sie mit ihrer Inspiration verbunden, was sie tief befriedigt und glücklich macht.
Hans konnte seine Eltern allerdings nicht überzeugen, ihm ein reines Kunststudium zu finanzieren. Sie bestanden darauf, dass er Lehrer wurde - er hatte Kunst als Hauptfach. Mit 25 Jahren arbeitete Hans als Kunsterzieher an einem Gymnasium. Und es dauerte kaum zwei Jahre, bis er infolge seiner direkten und unverblümten Art mit dem gesamten Lehrerkollegium verkracht war.
Für einen Widder ist es schwer, sich unterzuordnen, insbesondere wenn die hierarchischen Strukturen verkrustet oder willkürlich sind. Ich habe in meiner Praxis immer wieder mit Widdergeborenen zu tun, die mit ihrem Chef oder ihren Kollegen nicht zurechtkommen. Auf die Dauer braucht ein Widder auch dringend Führungsaufgaben. Er kann nicht permanent in einer Position arbeiten, in der ihn andere bevormunden und gängeln.
Hans kündigte und begann eine Ausbildung zum Kunsttherapeuten. Mit dieser Ausbildung hoffte er eine eigene Praxis eröffnen zu können und somit selbständig zu sein. Da die Klienten erst einmal

ausblieben, nahm er eine feste Stellung als Kunstlehrer in einer Waldorfschule an. Aber auch hier prallte er sehr schnell mit den meisten Kollegen zusammen. Er zog es daher nach einem Jahr vor, wieder zu kündigen.

Dann starb sein Vater und hinterließ ihm eine erkleckliche Erbschaft, mit der er nach Belieben schalten und walten konnte. Zunächst stieg er in eine Gemeinschaftspraxis ein, investierte dort viel Geld – und zog sich nach einem Jahr wieder zurück. Als Nächstes plante er ein alternatives Kunstzentrum in Italien. Er fand andere Interessierte, und man erwarb gemeinsam ein Grundstück in der Toskana. Solange die Planung lief, war Hans voll dabei. Als man aber allmählich dazu überging, die Häuser in Italien auch zu bewohnen, stieg er wieder aus.

Sein nächstes Projekt war ein alternatives Wohnmodell in einem Schloss bei Salzburg, anschließend folgte eine Therapeutenkolonie in Südfrankreich. Danach ging er in die USA, um dort ein neues gemeinschaftliches Projekt zu starten …

Auch bei einer Frau konnte ich diesen für Widder typischen Zickzackweg bei der Berufsfindung beobachten. Seit unserer ersten Begegnung hat sie innerhalb von gut zehn Jahren nicht nur achtmal die Stelle gewechselt, sondern dabei auch dreimal gleich einen neuen Beruf begonnen: Zuerst war sie Sozialarbeiterin, dann Heilpraktikerin, und schließlich war sie in der Immobilienbranche tätig.

Widder sind stets Feuer und Flamme, wenn ein neues Projekt ansteht: Egal, ob es eine neue Arbeitsstelle, eine neue Praxis, eine neue Wohnung, ein neues Auto, eine neue Freundschaft ist, immer stürzen sie sich mit all ihrem Elan hinein und stellen in kürzester Frist etwas Großartiges auf die Beine. Aber nach einiger Zeit erlahmt ihr Schwung. Am Anfang, solange es ums Planen und Initiieren geht, sind sie Feuer und Flamme, doch sie verlieren die Lust, sobald die Angelegenheit geregelt ist und die Routine beginnt.

Es gibt Widdergeborene, die einer langweiligen Tätigkeit nachgehen. Aber sie rasen jeden Morgen zu ihrem Job, kämpfen gegen den Stau und die Konkurrenten an der Ampel. Andere leben ihre Widderseite grundsätzlich in Auseinandersetzungen mit ihren Kollegen aus. Drittens gibt es noch die Möglichkeit, sein Widdernaturell in der Familie, also mit Partnern und Kindern, zu stillen, und viertens existieren unzählige Widdersportarten und Hobbys wie Bungeejumping, Drachenfliegen, Rafting oder Radfahren. Das alles sind Ventile, und als solche zählen sie mehr als 24 Stunden braves Händefalten. Viel besser aber ist ein Beruf, der dem Widderpotenzial gerecht wird, in dem Abwechslung, Herausforderung, die Chance auf leistungsbezogenes Weiterkommen und Dynamik herrschen. Der Inhalt oder das Sujet der Arbeit sind dabei fast sekundär, Hauptsache, das Atmosphärische, der Rahmen und die Struktur stimmen.

Der geborene Macher

In meinem Astro-Archiv befinden sich 40 000 Personen. Mit Hilfe eines Suchsystems kann ich dieses Archiv durchforsten lassen. Gebe ich die Kriterien »Widder« und »Manager« ein, so spuckt mein Computer über hundert Namen aus. Wiederhole ich die gleiche Prozedur mit »Manager« und »Stier« oder mit irgendeinem anderen Sternzeichen, erhalte ich deutlich weniger Namen.

Die Tätigkeit eines Managers ist Widdergeborenen buchstäblich auf den Leib geschrieben. Oder anders gesagt: Ein Manager darf das, wovon ein Widder träumt, und bekommt dafür auch noch Geld, in aller Regel viel Geld: Er jettet durch die Welt, er entwickelt Projekte, stampft neue Unternehmungen aus dem Boden – und er hält sich nirgends auf, sondern überlässt die lästige Kleinarbeit anderen. Ein Manager lebt immer im »Kriegszustand«. Die Konkurrenz ist überall, »Vorsprung« ist einer der wichtigsten Begriffe in seinem Standardvokabular.

Ich kenne zwei Widdermanager persönlich, eine Frau und einen

Mann. Die Frau ist Managementberaterin. Sie arbeitet mit großen Firmen zusammen, berät sie bei firmeninternen Konflikten, aber auch bei der Personalplanung, und führt Schulungen durch. Sie sagt von sich selbst, ihr Leben sei ein Kampf: »Wenn ich nicht schneller bin als alle anderen, bin ich meinen Job los. Aber genau das mag ich an meiner Arbeit!« Der männliche Widder besitzt eine Firma, die Computerbücher herstellt und vertreibt. Er spürt die Konkurrenz fast noch stärker. Manchmal muss ein Buch, das eine bestimmte Software erklärt, innerhalb weniger Tage geschrieben, gedruckt und ausgeliefert werden. Dann arbeiten er und seine Mannschaft Tag und Nacht durch. »Ein derartiger Marathon«, sagt er, »ist mir lieber als sture Arbeitsroutine.«

Was können Widder noch? Natürlich arbeiten sie überall dort gern, wo es um Tempo und Gefahren geht: als Notarzt, Sanka- oder Testfahrer, Detektiv, Polizist und Feuerwehrmann. Ich habe Widdergeborene allerdings auch immer wieder an Arbeitsstellen getroffen, die auf den ersten Blick überhaupt nichts mit Risiken oder Gefahren zu tun haben. Ich denke dabei etwa an einen Rechtsanwalt. Er kam in eine astrologische Sitzung. Ich kannte seinen Beruf nicht, meinte aber, ich würde in seinem Horoskop sehen, dass er eine Tätigkeit ausüben müsste, bei der es schon fast um Leben und Tod gehe: »Vielleicht sind Sie Notarzt«, sagte ich zu ihm. »Nein, nein, weit gefehlt«, antwortete er, »ich bin Rechtsanwalt. Aber Sie haben insofern recht, als ich mich aufs Strafrecht spezialisiert habe. Über meine Klienten habe ich manchmal tatsächlich mit dem Thema ›Leben und Tod‹ zu tun, zum Beispiel musste ich kürzlich einen angeblichen Mörder verteidigen.«

Widder werden ausgezeichnete Mediziner, besonders aber Chirurgen und Zahnärzte. Auch zum Lehrerberuf fühlen sich Widder stark hingezogen. Kindern gegenüber kann ihre spontane Art prima zur Geltung kommen. Als Sozialarbeiter sind sie besonders gut, wenn sie mit Jugendlichen arbeiten können. Ich kenne zwei Streetworker in München. Beide sind Widdergeborene.

Widder sind auch ausgezeichnete Handwerker. Vor allem in der metallverarbeitenden Branche oder in der Autoindustrie trifft man jede Menge erfolgreicher Vertreter dieses Tierkreiszeichens. Ich selbst kenne zwei Widder, die zusammen eine Tankstelle führen. Ihre Spezialität – wie könnte es anders sein? – ist das Tunen bzw. »Frisieren« von Autos.

Zusammenfassend möchte ich nochmals betonen, wie wichtig für einen Widder Dynamik, Herausforderung und Abwechslung sind. Von ihm, dem temperamentvollen Geschöpf des Frühlings, zu erwarten, sein Lebtag den gleichen Handgriff zu tun, ist eine Zumutung. Er will initiieren, den Ton angeben, führen. Entweder er wird selbständig, oder er braucht einen Arbeitsplatz, an dem Initiative belohnt wird und er aufsteigen kann. Nach dem Klischee einer Beamtenlaufbahn sieht das nicht gerade aus.

Das Arbeitsumfeld und die Berufe

Wo arbeiten Widder am liebsten?

Widder arbeiten am liebsten dort, wo es um Initiative, Herausforderung und Führung geht. Sie sind da zu finden, wo konstruiert und gebaut wird und künstlerisches Schaffen wichtig ist. Wenn es um Selbstdarstellung geht, Feuer und Hitze wichtig sind und auf Initiative ankommt, ist der Widdergeborene in seinem Element. Ebenso in Berufen, in denen repräsentiert wird, Ästhetik und Einfälle vermarktet werden. Engagement ist wichtig, es müssen Gefahren und Risiken bestehen. Widdergeborene findet man vorzugsweise auch da, wo es um Erziehung geht und Probleme aufgearbeitet werden, wo Interessen durchgesetzt werden, wo geforscht wird, wo Not am Mann ist und geheilt wird.

Berufe der Widder

A/B (Angestellter/Beamter) Bundesanstalt für Flugsicherung, A/B Bundeswehrverwaltung, A/B Deutsches Patentamt, A/B (Kriminal)polizei, Apotheker, Arzthelferin, Astronom, Astrophysiker, Berufsschullehrer, Bildingenieur, Biochemiker, Blumenbinder, Bodenpersonal bei Fluggesellschaften, Buchhändler, Chemielaborant, Chemiker, Chemisch-technischer Assistent, Diakon, Dipl.-Ing. Elektrotechnik, Dipl.-Ing. im Metallbereich, Dipl.-Ing. in der Entwicklung, Dipl.-Ing. in der Konstruktion, Dipl.-Ing. in Verfahrenstechnik, Dipl.-Ing. im Vermessungswesen, Diplompsychologe, -sozialarbeiter, -informatiker, -kaufmann, -physiker, -sozialarbeiter, -sportlehrer, Dolmetscher, Elektronik-, Elektrotechniker, Energiemanager, Entwicklungshelfer, Ethnologe, Facharzt für Chirurgie, Fachlehrer, Flugbegleiter, Gartenbauarchitekt, Gärtner, Gentechniker, Geograph, Geophysiker, Gewerkschaftsfunktionär, Grund- und Hauptschullehrer, Heilpädagoge, Hochschullehrer, Industriedesigner, Innenarchitekt, Journalist, Jurist, Kernphysiker, Krankengymnast, Krankenpflege(helfe)r, -schwester, Kultur-/Medienmanager, Kunsterzieher, -historiker, Landwirt, landwirtschaftlich-technischer Assistent, Lebensmittelchemiker, Lektor, Masseur, mathematisch-technischer Assistent, medizinisch-technische Assistentin (MTA), Mikrobiologe, Musikerzieher, Ökomanager, Philosoph, Pilot, Politiker, Politologe, Privatdozent, Redakteur, Rektor, Religionswissenschaftler, Reporter, Richter, Schauspieler, Schriftsteller, Seminarleiter, Sozialwissenschaftler, Sportlehrer im freien Beruf, Sportmanager, Sprachwissenschaftler, Staatsanwalt, Steward, Tanzlehrer, Techniker in der Entwicklung oder in der Fertigungstechnik, Theaterwissenschaftler, Theologe, Tierarzt, Tourismusmanager, veterinärmedizinische Assistentin, Werbekaufmann, Wirtschaftsjurist, Zahnarzt, Zahnarzthelferin, Zukunftsforscher.

Test: Wie »widderhaft« sind Sie eigentlich?

In diesem Test kann man erfahren, wie widderhaft man als Widdergeborener ist. Man gehe dabei folgendermaßen vor: Möchte man eine Frage mit einem Ja beantworten, soll man jeweils die Zahl ankreuzen. Wenn man also gern Testfahrer wäre, kreuzt man die Zahl 1 an (ein Nein wird nicht notiert).

	+		–
Wären Sie gern Testfahrer?		1	
Sind Sie ein Mensch, der gern Geld zurücklegt?		2	
Verstehen Sie etwas von Kunst?		3	
Sind Sie gern unter Menschen?		4	
Können Sie sich vorstellen, Politik zu machen?		5	
Können Sie gut etwas anschaffen?		6	
Möchten Sie an einer Grenze stehen und Personen kontrollieren?		7	
Möchten Sie Babys in einem Krankenhaus betreuen?		8	
Möchten Sie Tierpräparate herstellen?		9	
Ist es Ihnen egal, was Sie arbeiten, Hauptsache, das Geld stimmt?		10	
Ordnen Sie sich leicht unter?		11	
Haben Sie Geduld?		12	
Möchten Sie Prüflingen Noten geben?		13	
Möchten Sie auf dem Land leben und arbeiten?		14	
Stehen Sie gern in der Öffentlichkeit?		15	
Möchten Sie Falschparkern einen Strafzettel geben?		16	

	+		–
Möchten Sie an einer Diät als Testperson mitmachen?		17	
Möchten Sie Gehälter abrechnen?		18	
Ist es Ihnen wichtig, anderen zu imponieren?	+	19	
Arbeiten Sie gern im Team?		20	
Könnten Sie von der Hand in den Mund leben?	+	21	
Interessieren Sie sich für Mode?		22	
Mögen Sie Risiko?		23	
Führen Sie gern technische Berechnungen durch?		24	
Wären Sie gern Entdeckungsreisender?		25	
Mögen Sie Veränderungen?	+	26	
Möchten Sie auf einer Bühne stehen?		27	
Können Sie gut allein sein?		28	–
Können Sie leicht auf die Tageszeitung verzichten?		29	
Möchten Sie gern Jugendliche betreuen?		30	
Halten Sie Gefühle für wichtiger als den Verstand?		31	
Können Sie leicht aus sich herausgehen?	+	32	
Liegt Ihnen das Wohlergehen anderer am Herzen?		33	
Sind Sie gern Gastgeber?		34	
Betreuen Sie gern Kranke?		35	
Wären Sie gern Lehrer?		36	
Sind Sie ein beständiger Mensch?		37	–
Gehen Sie gern und häufig aus?		38	
Möchten Sie Menschen beraten?		39	
Möchten Sie Schaufenster dekorieren?		40	

	+		–
Möchten Sie gefährliche Chemikalien transportieren?		41	
Würden Sie gern an einem Bankschalter stehen?		42	
Treiben Sie gern Sport?		43	
Würden Sie gern als Diskjockey arbeiten?		44	
Würden Sie gern Weltraumpilot sein?		45	
Können Sie sich vorstellen, im Ausland zu arbeiten?		46	
Möchten Sie gern Reporter sein?		47	
Stellen Sie sich gern an die Spitze?		48	
Würden Sie gern Fotomodell sein?		49	
Können Sie leicht bei einer Sache bleiben?		50	
Summe	___	___	___

Auswertung

Schreiben Sie immer dann ein Plus (+) links neben die Zahl, wenn Sie die Nummern 1, 3, 5, 6, 19, 21, 23, 25, 26, 30, 32, 38, 41, 43, 44, 45, 48 angekreuzt haben (maximal siebzehnmal ein Plus).
Tragen Sie immer ein Minus (–) rechts neben die Zahl, wenn Sie die Nummern 2, 9, 11, 12, 18, 24, 28, 37, 42, 50 angekreuzt haben (maximal zehnmal ein Minus).
Ziehen Sie die Anzahl der Minus- von der Anzahl der Pluszeichen ab. Die Differenz ist Ihr Testergebnis.

Interpretation

Ihr Testergebnis beträgt 10 oder mehr Punkte: Sie sind ein hundertprozentiger Widder. Alles, was in diesem Buch über die Natur des Widders gesagt wurde, trifft auf Sie zu. Sie sind exzentrisch, schöpferisch, dynamisch, feurig, ordnen sich schwer unter und arbeiten am liebsten an der Spitze. Ihre Gefühle sind unmittelbar, Sie wollen Direktheit und Klarheit und brauchen immer wieder Veränderung. Routine wirkt auf Sie wie ein Schlafmittel.

Ihr Testergebnis liegt zwischen 5 und 9 Punkten: Bei Ihnen ist das Widdernaturell gedämpft. Wahrscheinlich besitzen Sie einen Aszendenten, der eine andere Qualität aufweist. Oder Ihr Mond steht in einem anderen Zeichen. Für Sie ist es daher interessant, die Stellung Ihres Mondes und Ihren Aszendenten im zweiten Teil dieses Buches kennenzulernen. Es kann aber auch sein, dass Sie durch frühere Erfahrungen dazu veranlasst wurden, Ihr Widdernaturell abzulehnen. Dann ist es besonders wichtig, dass Sie sich damit wieder anfreunden und es mehr zulassen.

Ihr Testergebnis beträgt weniger als 4 Punkte: Sie sind eine untypischer Widder. Wahrscheinlich haben Sie einen Aszendenten, der sich völlig anders als das Widderprinzip deuten lässt, oder Ihr Mond steht in einem solchen Zeichen. Es wird sehr spannend für Sie sein, dies im zweiten Teil des Buches herauszufinden. Sie haben es im Laufe Ihres Lebens womöglich auch für nötig befunden, Ihre Widderseite abzulehnen und zu verdrängen. Es ist daher Ihre Aufgabe, sich mit diesem Teil Ihrer Persönlichkeit wieder anzufreunden: Sie sind ein Geschöpf des Feuers, das von seinem Naturell her dafür geschaffen ist, impulsiv und drängend zu sein, andere zu begeistern und mitzureißen.

Teil II

Die ganz persönlichen Eigenschaften

Der Aszendent und die Stellung von Mond, Venus & Co.

Vorbemerkung

In Teil I wurde erläutert, wie man zu dem »Sternzeichen« Widder kommt, nämlich dadurch, dass die Sonne zum Zeitpunkt der Geburt in diesem Abschnitt des Tierkreises stand. Nun gibt es in unserem Sonnensystem bekanntlich noch andere Himmelskörper, von denen der Erdtrabant Mond und die Planeten für die Astrologie bedeutsam sind. Sie alle haben ebenfalls entsprechend ihrer Stellung bei einer Geburt eine spezifische Aussagekraft. Obendrein spielen auch noch der Aszendent, die astrologischen Häuser und weitere Faktoren eine Rolle. Alles zusammen ergibt ein Horoskop.

Dieses Wort hat seine Wurzeln im Griechischen und heißt so viel wie »Stundenschau«, weil ein Horoskop auf die Geburtsstunde (eigentlich Geburtsminute) genau erstellt wird. Es ist also eine – in Zeichen und Symbole übersetzte – Aufnahme der astrologischen Gestirnskonstellationen zum Zeitpunkt einer Geburt. Es spiegelt die vollständige Persönlichkeit eines Menschen wider.

Im Folgenden werden die neben der Sonne wichtigsten Größen eines Horoskops gedeutet: Aszendent, Mond, Merkur, Venus, Mars, Jupiter und Saturn. Sie können mit Hilfe des Geburtstags und der Geburtszeit ihre Position im Tierkreis ermitteln und dann die jeweilige Bedeutung kennenlernen. Die Interpretation dieser Horoskopfaktoren ist manchmal vom Sonnenzeichen des oder der Betreffenden abhängig, im Großen und Ganzen jedoch nicht. Entsprechend finden Sie in den verschiedenen Bänden dieser Buchreihe in der jeweiligen Beschreibung die gleichen oder ähnliche Aussagen.

Auf der anderen Seite ist es wichtig, zu verstehen, dass die Interpretation einer einzelnen Größe wie zum Beispiel Aszendent,

Mond oder Sonne immer nur einen bestimmten Aspekt wiedergibt, der eventuell widersprüchlich zu dem sein kann, was über einen anderen Faktor gesagt ist. Die Kunst der Astrologie beruht aber gerade darauf, Verschiedenes, eventuell sogar sich Widersprechendes, miteinander zu verbinden bzw. gemäß der eigenen Intuition und Erfahrung zu gewichten.
Wie erfährt man nun, in welchem Tierkreiszeichen die weiteren Horoskopfaktoren stehen? Astrologen mussten früher tatsächlich den Himmel studieren, um herauszufinden, welche Position die wichtigen Gestirne einnahmen. Aber wie gesagt erstellten findige Köpfe schon bald Tabellen, sogenannte Ephemeriden, denen man den Lauf der Planeten entnehmen konnte. Seit der Erfindung und Verbreitung der Computertechnologie kann man nun auch auf diese Ephemeridenbücher verzichten. Man ersteht ein Astrologieprogramm, gibt Geburtstag, -zeit und -ort ein, und auf einen Klick erscheinen alle Angaben, die man braucht. Heute ist infolge der großen Verbreitung des Internets auch das eigene Astrologieprogramm überflüssig geworden. Im World Wide Web existieren Plattformen, auf denen sich ebenfalls ganz einfach die Planetenpositionen errechnen und darstellen lassen. Man kann zum Beispiel über die Homepage des Autors sämtliche Angaben über die exakte Position von Sonne, Mond, Aszendent und den weiteren Gestirnen in einem Horoskop kostenlos herunterladen. Die Adresse: www.bauer-astro.de.

Die Grafik auf Seite 94 zeigt das Horoskop eines bekannten Widdergeborenen, nämlich das Otto von Bismarcks. Er ist am 1. April 1815 um 13.30 Uhr in Schönhausen bei Stendal im heutigen Sachsen-Anhalt geboren. Das Horoskop hält seinen Geburtsmoment grafisch fest. Die Sonne ☉ stand im Zeichen Widder ♈. Aber die Sonne ist nur eine Größe seines Horoskops. Man erkennt links den Aszendenten *AC*, der im Löwezeichen ♌ liegt. Der Mond ☽ rechts, untere Hälfte, befand sich bei der Geburt Bismarcks im Zeichen Steinbock ♑. Außerdem sind noch viele weitere Gestirne und wichtige Punkte im Horoskop enthalten. Ein ausführliches

Horoskop berücksichtigt die Position aller Gestirne und des Aszendenten und kommt erst dann zu einer umfassenden und gründlichen Persönlichkeitsdiagnose.

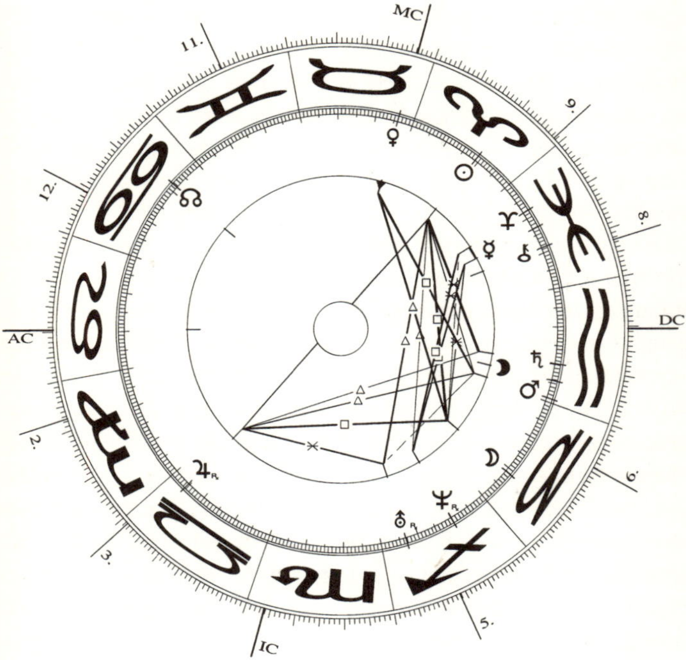

Der Aszendent – Die individuelle Note

Die Bedeutung des Aszendenten

Wir sprechen in diesem Buch vom Sonnenzeichen Widder, dies ist aber wie gesagt nur *ein* Aspekt einer Persönlichkeit. Die Astrologie kennt noch viele andere, wovon der Aszendent der wichtigste ist. Für die Bestimmung des Aszendenten muss man allerdings die genaue Geburtszeit kennen. Sie ist erfahrbar, weil sie auf dem Standesamt des Geburtsorts festgehalten wird. Wenn Sie also nicht die Zeit kennen, zu der Sie das Licht der Welt erblickt haben, können Sie dort anfragen und um Auskunft bitten.

Als ich vor über dreißig Jahren damit begann, Horoskope zu erstellen, war ich zunächst sehr erstaunt darüber, dass die Geburtszeit neben dem Geburtstag in den Büchern der Standesämter festgehalten wird. Der Geburtstag dient dem Staat neben anderen Angaben zur eindeutigen Identifizierung einer Person. Aber welchen Zweck erfüllt die Geburtszeit für die Bürokratie? Für mich liegt darin auch heute noch kein größerer Nutzen als dieser: Durch die schriftliche Fixierung der Geburtszeit liefern die Behörden der Astrologie die wichtigste Berechnungsgrundlage und ermöglichen so jedem Menschen einen Blick auf den ganz persönlichen, einzigartigen Anfang seines Lebens.

Der Aszendent symbolisiert Ihre individuelle Note. Das Sonnen- oder Tierkreiszeichen Widder hat man ja gemeinsam mit allen Menschen, die zwischen dem 21. März und dem 20. April geboren sind. Der Aszendent jedoch ergibt sich aus der ganz persönlichen Geburtszeit. Aber was bedeutet nun der Aszendent? Bekanntlich dreht sich die Erde in zirka 24 Stunden um ihre eigene Achse. Von der Erde aus gesehen, beschreibt die Sonne dabei aber einen Kreis um unseren Planeten. Dieser Kreis wird – ebenso wie beim scheinbaren Kreislauf der Sonne um die Erde innerhalb eines Jahres – in zwölf Abschnitte unterteilt: die zwölf Zeichen des Tierkreises. Entsprechend steigt am östlichen Horizont etwa alle zwei Stunden ein neues Tierkreiszeichen auf. Dasjenige, das zum Zeitpunkt einer Geburt (oder eines anderen wichtigen Ereignisses) gerade dort aufging, nennt man »Aszendent« (dieser Begriff ist abgeleitet vom lateinischen Verb *ascendere* = »aufsteigen«).

Die Deutung des Aszendenten ist auch dementsprechend: Zunächst einmal wollen die Anlagen (repräsentiert durch den Aszendenten) das Gleiche wie das Tierkreiszeichen am Himmel, nämlich »aufgehen«. Wenn also jemand zum Beispiel Aszendent Jungfrau »ist«, strebt die durch dieses Zeichen symbolisierte Kraft danach, im Leben des Menschen mit Aszendent Jungfrau aufzugehen. Es

versuchen sich also Jungfraukräfte zu verwirklichen. Allerdings sind mit einem bestimmten Aszendenten zwar bestimmte Muster und Energien vorgegeben. Aber es bleibt immer eine Freiheit in der Gestaltung. Je mehr es einem gelingt, sich vom Allgemeinen abzuheben, umso individueller und einmaliger wird man sein, und umso eher erfüllt man seine eigentliche Bestimmung, nämlich ein einmaliger und unverwechselbarer Mensch zu sein.
Ergänzen sich Aszendent und Tierkreiszeichen, dann fällt dies leicht. Zuweilen sind sie aber völlig entgegengesetzt. Entsprechend fällt es einem schwerer, seinen Aszendenten neben seinem Sternzeichen in sein Leben zu integrieren. Der Aszendent dient also einerseits dazu, uns eine individuelle und besondere Note zu verleihen. Darüber hinaus begleitet den Aszendenten ein Sehnen, sich in eine kosmische oder spirituelle Kraft zu verwandeln, »in den Himmel zu steigen«, wie ja auch das tatsächliche Aszendentenzeichen sich im Osten von der Erde erhebt und gen Himmel strebt.

Auf den folgenden Seiten finden sich die zentralen oder wichtigsten Eigenschaften der zwölf möglichen Aszendenten von Widdergeborenen.
Die exakte Aszendentenposition lässt sich wie gesagt über die Homepage des Autors herunterladen (www.bauer-astro.de).

Der Widder und seine Aszendenten

Aszendent Widder – Ein Krieger werden

Aszendentenstärken Direkt, spontan, dynamisch, durchsetzungsstark
Aszendentenschwächen Ungeduldig, launisch

Mit dem Aszendenten Widder kommt man auf die Welt, um ein Krieger zu werden. Dieses Wort bedarf einer besonderen Erklärung. Denn mit einem Krieger verbindet man gewöhnlich schreckliche Geschehnisse, schwerbewaffnete Männer (und Frauen), die – meist einem Befehl folgend – töten, foltern, vergewaltigen, enteignen, vertreiben, zerstören, vernichten. Das mögen durchaus auch unerlöste Anteile dieser Aszendentenenergie sein, sie haben aber mit einem bewussten und wissenden Umgang damit nichts zu tun. Der »Krieger« in unserem Sinne steht vielmehr für das Leben. Er verkörpert Initiative, Kraft, Lebendigkeit. Nichts, aber auch gar nichts verbindet ihn mit Zerstörung, Verletzung oder gar Tod. Im Gegenteil. Die höchste Vollendung als Krieger besteht darin, dass er alles aus dem Bewusstsein heraus tut, beim Punkt null zu beginnen. Nichts war schon einmal. Alles ist neu. Der Atem. Das Öffnen der Augen. Das Gehen. Menschen mit dem Aszendenten Widder werden ihr ganzes Leben lang immer wieder neu geboren. Alles, was ihnen widerfährt, zählt als Herausforderung.

Diese Menschen lernen aus Problemen, Schwierigkeiten und Behinderungen, so dass sie in Zukunft gewappnet sind. Auch die Angst werden sie mit der Zeit kennenlernen und wie ein Krieger an ihr wachsen. Angst gleicht einem Heer unsichtbarer Gegner. Man spürt nur, dass man bedrängt wird, eingeengt ist, nicht weiterkann. Aber hat man nicht schon bei seiner Geburt die Erfahrung gemacht, dass es immer weitergeht? Man darf nicht stehen bleiben. Wenn man nicht aufgibt, wird man immer stärker im Leben. Vielleicht muss man zuweilen nachgeben, sich aber sein Ziel immer vor Augen halten. Umwege sind denkbar und Pausen, doch den eigentlichen Weg wird man nie aus den Augen verlieren.

Mit diesem Aszendenten ist eine jugendliche Gestalt verbunden, und zudem sind so manche »wilden« Unternehmungen älteren Menschen oft nicht mehr möglich. Trotzdem sollten sie ihren Körper sorgfältig pflegen und im Rahmen des Möglichen ertüchtigen. Regelmäßige Gymnastik und eine gesunde Ernährung sind einfach unerlässlich. Noch wichtiger aber ist die geistige Beweglichkeit. Aszendent-Widder-Menschen haben in der Regel das Glück, im Alter fit im Kopf zu bleiben. Aber sie müssen ihren Geist auch immer wieder trainieren. Außerdem können sie den

geistigen Alterungsprozess durch Nahrungsergänzungen (Ginkgo zum Beispiel) hinausschieben. Es geht im Alter auch darum, mehr und mehr für Inspirationen empfänglich zu werden. Sich ihnen zu öffnen bedeutet, an der Welt der Ideale, dem Sein, unmittelbar teilzuhaben.
Wenn der Tod irgendwann kommt, werden sie auch diesem Faktum als Krieger begegnen: Sie haben ihren letzten großen Kampf vor sich und stellen sich ihm – mutig, entschlossen, bereit.

Aszendenten-Check

Wie ergänzen sich Sonne und Aszendent? Menschen, die sowohl vom Sternzeichen als auch vom Aszendenten her Widder sind, nennt man einen »doppelten Widder«. Nun kommt es allerdings ganz darauf an, ob man vor oder nach Sonnenaufgang geboren ist. Diese Unterscheidung ist in der Astrologie äußerst wichtig. Man sollte sich daher ein Geburtshoroskop erstellen lassen. Nur anhand eines Geburtshoroskops lässt sich diese wichtige Frage entscheiden. Vielleicht findet man es aber auch beim weiteren Lesen heraus.
Ist man vor oder auch genau bei Sonnenaufgang geboren, steht die Sonne im ersten Haus bzw. am Aszendenten. Dann verdoppeln sich alle Widdereigenschaften, die in diesem Buch angeführt wurden. Man ist ein irre dynamischer Typ, draufgängerisch, mutig, aktiv und übernimmt gern Führungsaufgaben. Was den Beruf betrifft, sollte man unbedingt danach streben, sich entweder selbständig zu machen oder Führungspositionen zu übernehmen.
Ist man hingegen nach Sonnenaufgang geboren, wird man eher zu einem nachdenklichen, sensiblen Menschen, der es nicht einfach hat, seine Widdereigenschaften zu leben. Man verfügt dafür über besondere mentale und künstlerische Begabungen und ist seiner Zeit häufig voraus. Durch unkonventionelles und schöpferisches Denken und Handeln lassen sich neue (berufliche) Wege einschlagen. Wichtig ist, dass man sein soziales Verantwortungsgefühl entwickelt, denn man hat anderen Menschen – der Gesellschaft gesamt – etwas Wichtiges zu geben.

Aszendent Stier – Ein Alchemist werden

Aszendentenstärken Solide, sachlich, praktisch, sinnlich, kreativ, schöpferisch
Aszendentenschwächen Stur, inflexibel

Die Bezeichnung »Alchemist« in diesem Zusammenhang stammt von einem Koch mit dem Aszendenten im Zeichen Stier, der – erst 22 Jahre alt – bereits Chef über fünf weitere Köche war und mir in einer Astrologiesitzung sagte: »Ich bin eigentlich ein Alchemist. Ich mache aus einfachen Zutaten (Zucker, Mehl, Eier, Orangensaft …) ein Gericht, an dem sogar die Götter ihre Freude hätten.«

Natürlich lassen sich nicht nur einfache Lebensmittel in »Götterspeisen« transformieren. Genauso klappt es mit Häusern (Architekt), Wohnungseinrichtungen (Innenarchitekt), Pflanzen (Gärtner) und tausend anderen Aufgabenfeldern. Ich frage mich manchmal, ob die Fähigkeit mancher Menschen, ihr Geld mit Hilfe von Spekulation zu vermehren, nicht auch eine moderne Form der Alchemie darstellt. Ob vielleicht Börsianer wie die Alchemisten im Mittelalter Beschwörungsformeln aussprechen, damit ihre Aktien steigen?

Alles lässt sich im Sinne der Alchemie in einen höheren Zustand transformieren. Es ist eine Frage des Bewusstseins. Wenn man sich einmal darüber klar ist, dass man diese Gabe besitzt, geht man anders durchs Leben, nämlich in der Absicht, zu verschönern, alles sinnlicher, angenehmer, vollendeter werden zu lassen. Dann blühen plötzlich Rosen in prächtigeren Farben, der Himmel bekommt ein tieferes Blau, und das Glas Wasser, das man gerade trinkt, schmeckt wie ein nie gekosteter Hochgenuss: Die eigenen Sinne zu verfeinern ist der erste Schritt eines Alchemisten – das Sehen, Hören, Riechen, Schmecken, Tasten. Dann folgt der zweite: die Welt draußen formen, sein Outfit, die Wohnung, das Büro. Am Anfang braucht ein Alchemist noch Zeiten des Rückzugs, um sich zu sammeln und seine eigene Sinnlichkeit abseits allen Treibens zu trainieren. Aber mit der Zeit wird die ganze Welt sein

Experimentierraum, und sein »Unterricht« dauert 24 Stunden. Selbst seine Träume beginnen sich zu gestalten, bekommen intensivere Farben und erzählen von fernen Welten – dem Garten Eden oder dem Schlaraffenland.
Der große Erleuchtete Buddha war sowohl von der Sonne als auch vom Aszendenten her ein Stier. Es heißt, dass dort, wo er ging, die Vögel noch lieblicher sangen und die Blüten der Bäume noch intensiver dufteten. Auch Orpheus, einem anderen erleuchteten Wesen, kann man ruhig einen Stieraszendenten »andichten«, obwohl natürlich keine offiziellen Angaben über seine Geburt existieren. Dem Mythos zufolge sang er so vollendet, dass alles um ihn herum verstummte: die Vögel und die Insekten, sogar die Wellen des Meeres und der Wind. Wie ein Buddha, wie Orpheus, so sollen Menschen mit dem Aszendenten Stier durchs Leben gehen.
Im Alter schwindet so manche der Sinnesfreuden: Essen und Trinken haben meist nur noch nährende Funktion, der reine Sex reduziert sich auf ein bescheideneres Maß. Ausgleichend und die Sinne verfeinernd wirkt zum Beispiel die Beschäftigung mit Kunst, egal, ob man sich ihr nur betrachtend oder durch eigenes künstlerisches Tun widmet. Menschen mit dem Aszendenten im Zeichen Stier können jeden Ort, an dem sie leben, zum Garten Eden werden lassen.
Auch dem Tod begegnet ein Alchemist mit dem Mut, ihn zu erhöhen. Er stirbt nicht in Umnachtung, bewusstlos, verkrampft. Er nimmt die letzte große Aufgabe dieses Lebens an und schreitet anmutig hinüber in ein anderes.

Aszendenten-Check

Wie ergänzen sich Sonne und Aszendent? Das Sonnenzeichen Widder und das Aszendentenzeichen Stier sind gegensätzlicher Natur. Der feurige Widder stößt sich an dem erdhaften, praktischen und manchmal auch materiell orientierten Stiernaturell. Es geht im Leben darum, beide Seiten zu ihrem Recht kommen zu lassen und sie in Harmonie zu verbinden.

Aszendent Zwillinge – Ein Kundschafter werden

Aszendentenstärken Gewandt, beredt, vielfältig, kommunikativ, verbindend

Aszendentenschwächen Zerstreut, unsicher

Wer unter dem Aszendenten Zwillinge auf die Welt kommt, ist immer irgendwie unterwegs – in Wirklichkeit oder in Gedanken. Er nimmt von hier etwas mit, trägt es nach dort, tauscht es mit etwas anderem aus und trägt das dann wieder mit sich fort. Dieser Aszendent macht zu einem Kundschafter, zu einem, der erforscht, entdeckt, ausspioniert, analysiert – und der sein Wissen dann weitergibt. Die Betroffenen behalten es nicht für sich, wenigstens nicht dauerhaft wie jemand mit dem Aszendenten Stier, der das, was er hat, behält und vermehrt. Die Bestimmung der Menschen mit Zwillingeaszendent lautet anders: Sie sind der Welt immer nur eine Zeit lang teilhaftig, verbinden sich, behalten, lassen wieder los.

Ein Kundschafter ist wissbegierig. Wo immer er sich aufhält, was immer er tut, er nimmt es mit all seinen Sinnen auf. Dennoch bleibt er in seinem Inneren neutral, er hält Distanz, er lässt sich nicht vereinnahmen. Er geht durchaus eine Beziehung ein. Er ist, was er tut, und ist es auch wieder nicht. Ein »Macher« und »Beobachter« zugleich. Insofern wird er auch immer irgendwie gespalten sein, doppelt – ein Zwillingswesen eben.

Menschen mit Zwillingeaszendent treten nicht als Krieger und Eroberer und auch nicht als Verteidiger und Beschützer auf. Sie sind neutral und friedlich. Ein Kundschafter sein bedeutet, die Kunst der Neutralität bei jeder Gelegenheit zu trainieren. Das heißt nicht, dass man keine Emotionen mehr haben soll. Aber man lernt zunehmend, sich von außen zu betrachten, sich selbst zu beobachten. Auf diese Weise identifiziert man sich immer weniger mit seinen oder den Gefühlen seiner Mitmenschen. Das bringt einem dann auch gelegentlich den Vorwurf der Oberflächlichkeit ein. Denn sich in allem wiederzufinden lässt einen an Tiefe verlieren. Damit muss man mit diesem Aszendenten leben. Kunde nehmen, Kunde weitertragen, Kunde bringen: Darin liegt die Bestimmung.

Zwar wird es um Menschen mit einem Zwillingeaszendenten auch im Alter nicht so schnell ruhig, weil sie sich vorausschauend mit genügend Kontakten »eindecken«. Dennoch hinterlassen die Jahre ihre Spuren. Dann kommt es darauf an, ob man weiß oder zumindest ahnt, dass alles, was man in der Außenwelt suchte, eigentlich schon immer in einem selbst war und dass »allein sein« auch »alleins sein« bedeutet. Dann bringt das Alter Schönheit und tiefe Befriedigung.

Aszendenten-Check

Wie ergänzen sich Sonne und Aszendent? Das Sonnenzeichen Widder und das Aszendentenzeichen Zwillinge passen fast *zu* gut zusammen. Der Einfallsreichtum wird nämlich so groß, dass man gelegentlich aufpassen muss, sich nicht zu verlieren.

Aszendent Krebs – Ein Träumer werden

Aszendentenstärken Gefühlvoll, häuslich, sensibel, fürsorglich, mystisch, spirituell
Aszendentenschwächen Launisch, abhängig

Ein besonderes Problem, dem sich Menschen mit Krebsaszendent stellen müssen, beschert ihnen der Helferplanet Mond, der auf die leibliche Mutter verweist. Bildlich gesprochen, hängen sie noch Jahre nach der Geburt oder gar ihr Lebtag an der Nabelschnur. Diese Prägung auf die Mutter steht in krassem Widerspruch zu der Botschaft, die einem Aszendenten grundsätzlich innewohnt, nämlich ein eigenständiges Individuum zu sein – frei, unabhängig, einmalig. Aber wie soll ihnen das gelingen, wenn ihre Mutter als Vorbild im Horoskop vorgegeben ist? Eine vertrackte Angelegenheit!
Ich meine, dass sich Menschen mit dem Aszendenten im Zeichen Krebs ein eigenes, unabhängiges Verständnis der Mutterrolle (oder des Mutterbildes) erarbeiten sollten. Sie müssen sich gewissermaßen selbst »abnabeln«. Das wird schwierig und auch sehr

schmerzvoll sein. Dabei darf es ihnen nicht darum gehen, besser als ihre Mutter zu werden. Sie müssen eine eigene »Mutter-Krebs-Qualität« entwickeln, schöpferisch sein und über die alten Muster hinaus einen Weg in die Eigenständigkeit finden.
Nur auf diese Weise lässt sich der Widerspruch lösen, der in dieser Konstellation liegt. In einer ewigen Antihaltung hängenzubleiben (bloß keine Mutter sein) oder sich anzumaßen, die eigene Mutter zu überbieten, wie es oft bei Menschen mit einem Krebsaszendenten zu beobachten ist – meist sind es Töchter –, blockiert das Leben. Eine eigenständige Mutter zu sein heißt, auf den Grund des Wassers zu tauchen. Dort finden sie die nötigen Puzzlesteine, um das eigene Bild zu vollenden.
Menschen, die mit dem Krebsaszendenten geboren werden, haben besonders leicht Zugang zu einer Zwischenwelt, einem Bereich zwischen dem sogenannten Realen und dem Spirituellen. Sie tauchen immer wieder in diese Welt ein – ob im Schlaf oder in einem Tagtraum – und tanken Kraft und erhalten Eingebungen. Träume sind eine große Quelle der Wahrheit. Allerdings haben sie viel von ihrer heilenden und heiligen Kraft eingebüßt, seitdem die Wissenschaft sie physiologisch bzw. psychologisch zu erklären sucht. Dass Träume auch eine Verbindung zur göttlichen Welt bedeuten, blieb dabei scheinbar auf der Strecke. Besonders Menschen mit dem Aszendenten im Zeichen Krebs dürfen sich davon nicht beeinflussen lassen. Ein Träumer zu sein bedeutet, die Quelle allen Seins wieder ins Leben zu integrieren. Dann bekommt die reale Welt Spuren der anderen, wird intensiv, lebendig, schöpferisch. Man erlebt sie wie ein Künstler – ein Maler, Musiker, Dichter. Vor allem aber fließt Mitgefühl in das reale Leben ein. Denn in der spirituellen Welt existiert kein Ego, das meint, sich gegen andere Egos behaupten zu müssen. Alles ist mit allem in unendlicher Liebe verbunden. Ein Träumer zu sein bedeutet jedoch keineswegs, mit halbgeschlossenen Augen durch die Weltgeschichte zu wandeln. Im Gegenteil, die Verbindung zur Anderswelt lässt einen das Leben hier bewusster und intensiver wahrnehmen.
Wenn der Mensch mit dem Aszendenten Krebs einmal alt gewor-

den ist und dem Tod begegnet, wird er ohne Zaudern hinübergehen in die Welt, die schon immer seine Heimat war.

Aszendenten-Check

Wie ergänzen sich Sonne und Aszendent? Das Sonnenzeichen Widder und das Aszendentenzeichen Krebs sind konträr. Einerseits ist man feurig und dynamisch, andererseits zurückhaltend und einfühlsam. Die Aufgabe in diesem Leben ist es, die beiden Seiten harmonisch miteinander zu verbinden, das heißt, keine von ihnen zu negieren, aber auch keine überzubetonen.

Aszendent Löwe – Ein Glücksbringer werden

Aszendentenstärken Selbstbewusst, großzügig, sonnig, herzlich, schöpferisch
Aszendentenschwächen Stolz, träge

Wer unter dem Aszendenten Löwe das Licht der Welt erblickt, macht alle glücklich: Ein Königskind ist geboren, mögen die Verhältnisse unter dem Dach, das seine Wiege beherbergt, auch noch so ärmlich sein. Mit ihm zieht das Glück ein, und das bleibt im Grunde ein Leben lang so, wenn nicht widrige Umstände den natürlichen Charme dieser Menschen brechen. Auch Erwachsene umgibt eine besondere Ausstrahlung, eine »Grandezza«, die signalisiert: »Alle mal hersehen, jetzt komme ich!« Irgendwann hat man auch den entsprechenden Hofstaat (allesamt irgendwie besondere Typen) und in der Regel auch das nötige Kleingeld, um sich ein Dasein in Würde leisten zu können.
Aber es reicht nicht, sich sein Lebtag nur im Glanz dieses Sternzeichens zu sonnen. Mit dem Aszendenten ist einem auch der Auftrag in die Wiege gelegt, dem Leben Glanz, Freude und Fröhlichkeit zu verleihen und den Mitmenschen eben Glück zu bringen. Das ist eine schwierige Aufgabe, denn für das, was ein glückliches Dasein wirklich ausmacht, mangelt es in unseren Zeiten immer mehr an Verständnis. Nur wenige leben in solch einem

Glück und verbreiten es. Wir reden nicht vom Lottogewinn oder einer steilen Karriere, sondern von dem Glück, das Fröhlichkeit in die Augen zaubert, Selbstgewissheit schafft, einen mit Zuversicht in die Zukunft blicken lässt und in diesem Vertrauen sorglos macht. Das ist ausgesprochen rar.

Muss man nun, um solch ein Glück verbreiten zu können, über materiellen Reichtum verfügen? Wenn ja, womit soll jemand, der arm wie die sprichwörtliche Kirchenmaus ist, seinem Leben Glanz verleihen? Nun, erstens ist ein Mensch mit Löweaszendent niemals so bedürftig; zweitens geht es nicht um das persönliche, sondern um das Leben schlechthin; und drittens kann man selbst unter den kargsten Bedingungen wie ein Sonnenkönig wirken. Die Schönheit der Natur beschränkt sich ja nicht auf eine Rose oder Lotusblüte, wir erkennen sie genauso bei einem Vergissmeinnicht oder Gänseblümchen. Nichts kann einen also daran hindern, Glück zu verbreiten, ein Glücksbringer zu sein – außer man selbst. Wenn ein Mensch mit jenem wunderbaren Aszendenten die Welt nicht für »würdig« erachtet, dieses Füllhorn zu empfangen, versündigt er sich durch solche Hybris an seiner Geburt und seinem Aszendenten. Die Sonne wählt nicht aus, wem sie ihr Licht schenkt und wem nicht. Sie verbreitet ihr Licht und ihren Glanz nicht, um zu imponieren. Das hat sie nicht nötig. Auch diese Menschen müssen nicht um Anerkennung buhlen. Bedeutsamkeit haben sie allein schon durch ihre Geburt unter dem aufgehenden Löwezeichen. Sie brauchen sich nichts mehr zu beweisen.

Älter zu werden fällt nur denjenigen schwer, die sich ausschließlich in ihrem Glanz sonnen, ihn aber nicht verschenken. Wer sich dem Leben hingibt, ergibt sich auch mit Leichtigkeit dem Tod.

Aszendenten-Check

Wie ergänzen sich Sonne und Aszendent? Das Sonnenzeichen Widder und das Aszendentenzeichen Löwe ergänzen sich großartig. Man wird immer Menschen finden, die einem weiterhelfen, und Möglichkeiten auftun, die zu einem passen. Man ist direkt dafür geboren, in einem Team der natürliche Leiter zu sein.

Aszendent Jungfrau – Ein Prophet werden

Aszendentenstärken Zuverlässig, logisch, nachdenklich, planend, vorausschauend, visionär
Aszendentenschwächen Pessimistisch, kritisch

Alles im Kosmos folgt einer Ordnung, entsteht, wächst, vergeht und fließt in einen neuen Zyklus ein. Menschen mit dem Aszendenten Jungfrau sind mit dieser Ordnung in spezieller Weise verbunden. Solche Nähe macht sie empfänglich für besondere Einsichten und Visionen und schenkt ihnen die Fähigkeit, Erfahrungen oder Botschaften – ähnlich dem Götterboten Hermes/Merkur – auf die Erde und unter ihre Mitmenschen zu bringen. Auch wenn sie sich dessen meist selbst nicht bewusst sind, sagen und tun sie zuweilen Dinge, die sich nur so erklären lassen. Menschen mit Aszendent Jungfrau warnen zum Beispiel vor Gefahren oder benennen Risiken. Das führt manchmal zu einer ausgesprochenen Medialität.

Ich kenne viele Medien, Kartenleger oder Astrologen mit Jungfrauaszendent. Bei ihnen paart sich das Wissen um eine natürliche Ordnung mit höheren Eingebungen oder Inspirationen. Sie erkennen die Gesetze des physischen Daseins, wissen also, wie die »Räder des Lebens« ineinandergreifen, und bereichern diese darüber hinaus mit Ideen, die ihnen zufallen. Auch viele Psychologen, Therapeuten, Lehrer, Sozialarbeiter, Ärzte und Krankenpfleger mit dieser astrologischen Kombination bestätigen, dass sie jenseits von Wissen und Erfahrung über Quellen verfügen, die ihnen bei ihrer Arbeit von unschätzbarem Nutzen sind.

Grundsätzlich verfügt jeder Mensch mit Aszendent Jungfrau über einen Zugang und »bedient« damit sich selbst und seine Mitmenschen, erteilt Ratschläge, verweist auf Gefahren und Risiken, spricht Warnungen aus. Wenn man allerdings den Himmel als Ziel aus den Augen verliert und sich nur noch am irdischen Alltag orientiert, läuft man Gefahr, alles und jeden zu »benoten«. Daraus wird dann schnell Schwarzmalerei und Defätismus. Es gibt Menschen mit diesem Aszendenten, die die Angewohnheit haben,

jeden Impuls mit dem typischen Aszendent-Jungfrau-Satz »Das klappt sowieso nie!« im Keim zu ersticken. Dass sie dann oft auch noch recht behalten, macht das Ganze nur noch schlimmer.
Fraglos befähigt dieser Aszendent zum »zweiten Gesicht«. Man vermag Phänomene zu »sehen«, die anderen verborgen bleiben, und besitzt »magische Flügel«, die in die Zukunft tragen. Dieses Wissen aber gilt es behutsam und verantwortlich einzusetzen. Sonst richtet es mehr Unheil an, als es Gutes bringt.
Im Alter wird die Kenntnis dessen, was auf die Jungfrauaszendenten zukommt, immer größer, bis sie wissen, was sie erwartet, wenn sie einmal hinübergegangen sind in eine neues Leben.

Aszendenten-Check

Wie ergänzen sich Sonne und Aszendent? Das Sonnenzeichen Widder und das Aszendentenzeichen Jungfrau ergänzen sich nicht automatisch. Man stellt nämlich konträre Ansprüche an sich, fühlt sich einerseits dem feurigen Element Widder verpflichtet – liebt also das Spontane und Direkte –, andererseits ist man ein recht vorsichtiger Mensch. Man muss lernen, beide Seiten miteinander in Einklang zu bringen.

Aszendent Waage – Die Liebe finden

Aszendentenstärken Anmutig, charmant, stilvoll, liebesfähig
Aszendentenschwächen Abhängig, unecht

Menschen mit dem Aszendenten Waage sind die personifizierte Harmonie und verbreiten eine friedliche, angenehme Stimmung. Das Sein erleben sie dual, das heißt stets aus doppelter Perspektive. Bezieht jemand eine bestimmte Position, dann übernehmen sie beinah automatisch die entgegengesetzte. Dazu benötigen sie noch nicht mal ein Gegenüber. Auch in sich selbst geht es stetig hin und her, als gäbe es dort zwei sich widersprechende Parts und Perspektiven. So wie sie die jeweilige Gegenposition vertreten, können sie aber auch dann, wenn derartige Polaritäten schon

gegeben sind, den gemeinsamen Nenner finden. Sie verbinden, vermitteln, gleichen aus, führen zusammen.
Menschen mit Waageaszendent werden in solche Familien und Ehen hineingeboren, in denen der Hausfrieden »schief« hängt. Wenn sich ein Paar streitet oder gar an eine Trennung denkt, kommt ein Kind mit Aszendent Waage, um in einem vielleicht letzten Versuch die Ehe zu kitten. Solche Kinder sind regelrechte Genies darin, bei Streithähnen Frieden zu stiften. Sie bringen einen »Sternenstaub der Versöhnung« auf die Erde, mit dem sich eine Trennung oft genug hinausschieben lässt. Diese Gabe haben auch Menschen, die unter dem Sternzeichen Waage geboren werden. Sie sind sogar noch erfolgreicher darin, Ehen zu retten. Wer mit dem Aszendent Waage geboren wird, so habe ich mehrfach festgestellt, schiebt die Trennung eher auf, als dass er sie für immer verhindern könnte.
Die Bedeutung des Aszendenten liegt in der Betonung der Eigenheit oder Persönlichkeit, die einen Menschen ausmacht. Er ist Motor für das Bestreben, sich aus dem Sog der Familie und des Clans zu befreien, um ein eigenes Leben zu führen. Darum muss er irgendwann sein »Nest« verlassen und sein verbindendes Wirken aufgeben. Dennoch erleben Menschen mit dem Aszendenten Waage es dann doch als eine innere Niederlage, wenn sich ihre Eltern trennen. Sich die Logik klarzumachen, die dem Aszendenten innewohnt, vermag dann durchaus eine Hilfe zu sein.
Auch im Erwachsenenalter bleiben Menschen mit Waageaszendent der Liebe verpflichtet. Sie verschenken sie großzügig, wenn sie sie gefunden haben, und sind voller Inbrunst auf der Suche nach ihr, wenn sie ihnen gerade »entwischt« ist. Eigentlich jedoch ist ihr ganzes Leben ein Warten auf die ganz große Liebe. Warum bloß, wird man fragen, finden Menschen, die für die Liebe geboren sind, diesen einen und einzigen Partner so selten?
Die Antwort lautet: Es gibt ihn so nicht. Ein Partner, der Liebe pur ausstrahlt, nach Liebe riecht, nach Liebe schmeckt, ein Partner voller innerer und äußerer Schönheit, der göttlich lieben, sich

geistreich unterhalten, sich vollständig hingeben kann und dennoch immer er selbst bleibt: Wo, bitte, findet sich solch ein Mann, solch eine Frau? Es ist der enorme Anspruch, der Menschen mit diesem Aszendenten im Wege steht. Er ist schlicht und einfach *zu* hoch. Die große Liebe der Waageaszendenten findet keine Erfüllung bei einem Wesen aus Fleisch und Blut. Erst wenn ihre Liebe zum Geschenk an das Leben wird – an ein Gedicht, an Musik, einen Baum –, fühlen sie sich am Ziel. Dann können sie jemanden auch aus ganzem Herzen lieben, weil diese Liebe nicht mehr so groß sein muss. Vor allem im Alter strahlen Menschen mit Aszendent Waage eine Liebe aus, die auf niemand Bestimmtes mehr ausgerichtet ist und dennoch jedem zukommt. Dann wird auch irgendwann der Tod ein Teil des Lebens und verbindet sich mit ihm.

Aszendenten-Check

Wie ergänzen sich Sonne und Aszendent? Das Sonnenzeichen Widder und das Aszendentenzeichen Waage liegen sich im Tierkreis genau gegenüber, stehen also für völlig entgegengesetzte Qualitäten: Einerseits ist man waagehaft-harmonisch und *du*orientiert, andererseits (Widder) *ich*haft und drängend. Man kommt mit diesen beiden widersprüchlichen Seiten umso besser klar, je mehr man sich selbst zugesteht, widersprüchlich zu sein.

Aszendent Skorpion – Unsterblich werden

Aszendentenstärken Furchtlos, unergründlich, bewahrend, leidenschaftlich
Aszendentenschwächen Misstrauisch, starr

Von dem großen Propheten Mohammed stammt der Satz: »Stirb, bevor du stirbst.« Und der Mystiker Jakob Böhme hat gesagt: »Wer nicht stirbt, bevor er stirbt, der verdirbt, wenn er stirbt!« So oder ähnlich lautet auch der Leib-und-Magen-Spruch von Menschen, die unter dem aufgehenden Skorpionzeichen geboren wurden. Das bedeutet in gar keiner Weise, dass sie real gefährdeter wären als andere. Im Gegenteil, Menschen mit dem Skorpion als Aszendent werden älter als die meisten und scheinen dabei noch robuster, also gesünder zu bleiben als ihre Zeitgenossen. Es geht auch beileibe nicht immer gleich um Leben und Tod. Diese beiden Wörter stehen nur symbolisch für das duale Lebensspiel, dem alles folgt: Kommen und Gehen, Begegnen und Trennen, Halten und Loslassen, Tag und Nacht, Plus und Minus. Jeder Mensch hat sich dieser Dualität zu stellen. Aber wer unter dem aufsteigenden Skorpionzeichen geboren wurde, ist ihr besonders ausgeliefert. Er muss in diesem »Fach« seinen Meister machen.

Ein wichtiger »Prüfungsstoff« auf dem Weg dorthin lautet, dem Schein zu misstrauen. Schon als Kinder entwickeln unter diesem Zeichen Geborene einen Blick für alles Falsche, Seichte und Aufgesetzte und schneiden notfalls tief ins »Fleisch«, wenn sie einen faulen Herd vermuten. Wozu? Weil Schwäche, Falschheit und Unaufrichtigkeit keinen Bestand haben vor dem Tod. Nur echte und starke »Materialien« können der Vergänglichkeit trotzen. Das bezieht sich auch auf ihre Beziehungen. Jeden potenziellen Partner, dem sie begegnen, unterziehen diese Aszendenten bewusst oder unbewusst einem sofortigen Check, um herauszufinden, ob der andere ihrem Wunschpartner entspricht, ob sie mit ihm – symbolisch gesagt – »dem Tod trotzen« können.

Kinder gehören natürlich zum Lebensskript dieser Menschen. Sie stehen sogar ganz oben in der Karmaliste. Von hundert Skorpionaszendenten bekommen 99 mindestens ein Kind – weil Kinder die sicherste Waffe gegen den Tod sind. In ihnen lebt es doch weiter, das Blut, das Erbe, der Name, die Erinnerung. Dass diese Regel nicht für jeden mit Aszendent Skorpion zutrifft, liegt lediglich daran, dass ein Horoskop eben nicht nur aus dem Aszendenten besteht.

Der Aszendent Skorpion verbindet ebenso mit den Ahnen. Es fällt einem daher immer auch die Aufgabe zu, sich um die Vergangenheit zu kümmern, sie in Ehren zu halten und sie – wenn nötig – in

ein anderes Licht zu rücken, um (Karma)schulden einzulösen. Aber es existiert auch ein anderer Weg der Unsterblichkeit. Ich weiß von Menschen mit diesem Aszendenten, die keinerlei Angst mehr vor dem Leben haben und damit auch nicht vor dem Tod. Sie wissen, dass es immer weitergeht. Sie nehmen jeden Moment ihres Daseins als das Einzige, was zählt. Insofern sind sie unsterblich und ewig geworden. Diese Gnade erwächst aus der Hingabe an das Leben von Moment zu Moment, wie es im Aszendenten Skorpion angelegt ist. Wenn sich diese Energie aufrichtet, nach oben steigt, wird sie frei von jeglicher Schwere. Die Astrologie schuf dafür ein wunderbares Bild: Sie erhob den erlösten Skorpion zum weisen Adler. Befreit aus der Enge des stacheligen Skorpionpanzers, entweicht dieser Vogel und hebt sich in den Himmel der Unendlichkeit.
Von Moment zu Moment leben bedeutet aber auch, jeden Augenblick loszulassen – auch dann, wenn es dereinst hinübergeht in eine andere Welt.

Aszendenten-Check

Wie ergänzen sich Sonne und Aszendent? Das Sonnen- und das Aszendentenzeichen sind sehr verschieden, was zu inneren Spannungen führt. Aber Probleme machen einem nicht nur zu schaffen, sondern sie bringen auch weiter – und das umso eher, je älter man wird. Am schwierigsten ist es, damit fertig zu werden, dass man sowohl nach tiefer Bindung Ausschau hält als auch selbständig und unabhängig bleiben will.

Aszendent Schütze – Seelenheiler werden

Aszendentenstärken Optimistisch, aufgeschlossen, mitreißend, jovial, beseelend
Aszendentenschwächen Unrealistisch, leichtgläubig

Eine Seele, die sich inkarniert, während sich im Osten das Tierkreiszeichen Schütze in den Himmel schiebt, wird immer von Trost und Hoffnung begleitet. Wer unter diesem Aszendenten geboren wird, dem haften wundersame Fähigkeiten an: Er vermag Wunden zu heilen, die die Zeit geschlagen hat, und kann – Engeln oder kleinen Göttern gleich – dem Schicksal Schönheit und Würde verleihen.

Noch bei jedem Menschen mit dieser Widder-Schütze-Konstellation, der in meine Praxis kam, gab es in der Vergangenheit ein Unglück, das nach menschlichem Ermessen nicht hätte geschehen müssen. Angehörige starben beispielsweise bei einem unnötigen Einsatz im Krieg oder wegen fehlender oder falscher medizinischer Hilfe. Solche Tragödien werden in den Familien nicht ad acta gelegt, sondern an spätere Kinder weitergegeben, die dann mit einem Aszendenten Schütze auf die Welt kommen. Diese nehmen sich auf ihre Weise des »Versagens« vergangener Zeiten an und versuchen, das Schicksal von damals durch ihre Lebensführung zu verändern. Sie wollen verhindern, dass es noch einmal so schrecklich zuschlägt. Niemand bittet diese Menschen um Hilfe oder gar um Vergeltung. Nur die wenigsten von ihnen werden sich jemals bewusst darüber, was sie eigentlich tun. Und dennoch macht sich ein Anteil in ihnen von Kindesbeinen an auf den Weg, in das Schicksal einzugreifen. Sie kommen auf die Welt, öffnen die Augen und würden, könnten sie sprechen, sagen: »Jetzt komme ich und vertreibe eure Sorgen und bringe Hoffnung. Jetzt wird alles gut.«

Menschen mit diesem Aszendenten sind häufig noch mit achtzig fit und treiben gar Sport. Sie bleiben auch im Kopf rege. Zuweilen fällt ihnen die große Gnade zu, bewusst und klaren Geistes die Schwelle des Todes zu übertreten – wissend, dass dies nicht das Ende ist.

Aszendenten-Check

Wie ergänzen sich Sonne und Aszendent? Man verfügt über beides, Inspiration und Liebe, braucht Ziele, die begeistern, und Menschen, die sich begeistern lassen. Den Hang zu Autoritätskonflikten gilt es zu überwinden, will man die großen Aufgaben meistern, die dieser Konstellation innewohnen.

Aszendent Steinbock – Wahrhaftig werden

Aszendentenstärken Sachlich, objektiv, gerecht, zäh, erfahren
Aszendentenschwächen Hart, kalt

Das Sternzeichen Steinbock regiert auf der nördlichen Halbkugel der Erde die kalte Jahreszeit. Daher begleitet auch jeden, der unter diesem Aszendenten auf die Welt kommt, ein Hauch winterlicher Stimmung – obwohl ihre Geburt schon in das Ende des Winters fällt. Damit verbunden ist eine große Widerstandsfähigkeit, auch wenn die nicht immer gleich vom ersten Atemzug an erkennbar ist. Menschen mit Steinbockaszendent kommen sogar öfter zartbesaitet, zuweilen sogar mit einer Schwäche auf die Welt. Aber das Leben konfrontiert sie von Anfang an mit Härtetests nach dem Motto »Gelobt sei, was hart macht« bzw. »Du schaffst es, oder du hast hier nichts verloren«. Dieser rauhe Empfang verfolgt nur den einen Zweck: Widerstandskraft zu wecken, abzuhärten und einzustimmen auf ein Leben, das viel von einem verlangt. Das Neugeborene bekommt aber auch bedeutsame Unterstützung: Dieser Mensch wird Gipfel stürmen. Etwas Besonderes leisten. Ruhm und Ehren erlangen. Er wird kein Schwächling werden, keine »Schande« bringen, kein x-beliebiges Rädchen im Getriebe des Lebens sein. Wenn ein Kind mit Aszendent Steinbock das Licht der Welt erblickt, überkommen Familie und Sippe großer Stolz. Aber es zieht zugleich Kühle ein. Diese Kinder werden weder Wärme noch Gemütlichkeit verbreiten. Mit ihnen kann man auch nicht stundenlang zärtlich schmusen. Lässt man mal fünf gerade sein, fühlt man sich in ihrer Nähe sogar ein wenig schuldig.
Später sind sich Menschen mit Aszendent Steinbock ihrer selbst sicher und leben nach festen Prinzipien und Regeln. Durch ihre Klarheit gehen sie ihrem Umfeld oft als Beispiel voran, geben Orientierung und stehen mit gutem Rat bereit. Sie beeindrucken vor allem durch ihre Standfestigkeit, weswegen sie in Notsituationen gern aufgesucht werden. Ihre Geradlinigkeit und Sachlichkeit scheinen Sie unanfechtbar zu machen. Und doch können gerade diese Eigen-

schaften sie ins Schleudern bringen. Denn wenn man zu sehr an der Materie haftet, wird man mit der Zeit hart und spröde.
Falls man meint, die Bestimmung bestehe ausschließlich darin, sich gegen die Wogen des Lebens zu stemmen, um erfolgreich zu sein, nimmt mit fortschreitendem Alter der Körper eine verspannte Haltung ein. Vor allem Rücken und Knie sind davon betroffen. Wenn man hingegen sein Handeln auf der Erde als vorübergehend betrachtet und die Ausrichtung nach oben nicht verliert, erfährt man durch kosmische Fürsorge den Trost, den man für sein hartes Dasein braucht. Vor allem aber erfährt man sein Leben als getragen von Sinn und Bestimmung. Von solchen Menschen geht dann tatsächlich ein inneres Leuchten aus, das anderen Kraft und Sicherheit verleiht.
Im Alter wird alles leicht. Die Unbeschwertheit vermischt sich mit Weisheit und schenkt den Betreffenden glückliche Jahre, so dass sie, kommt dereinst der Tod, leichten Fußes in die andere Welt hinübergehen können.

Aszendenten-Check

Wie ergänzen sich Sonne und Aszendent? Das Sonnenzeichen Widder und das Aszendentenzeichen Steinbock verkörpern völlig entgegengesetzte Kräfte. Infolge des Widdernaturells setzt man auf Spontaneität und Impulsivität. Die Steinbockveranlagung jedoch veranlasst einen, vorsichtig, kritisch und distanziert vorzugehen. Dieser Widerspruch kann dazu führen, dass man sich und anderen gegenüber sehr hart wird, was Schwächen und Fehler betrifft. Im Lauf des Lebens muss das Kunststück vollbracht werden, Spontaneität und Kontrolle miteinander zu verbinden.

Aszendent Wassermann – Einmalig werden

Aszendentenstärken Human, frei, unkonventionell, erfinderisch, individualistisch
Aszendentenschwächen Exzentrisch, nervös

Ein Mensch, der auf die Welt kommt, während am östlichen Horizont das Sternzeichen Wassermann aufgeht, ist voller Rätsel: Wer ist er? Woher stammt er? In aller Regel gleicht er weder der Mutter noch dem Vater, so dass zumindest bei Letzterem früh Zweifel an seiner Vaterschaft aufsteigen. Aber auch die Mutter blickt skeptisch auf ihr Kind und fragt sich im Stillen, ob es womöglich nach der Geburt vertauscht wurde, so wenig ähnelt es ihr oder ihrem Mann. Zunächst verwirren äußerliche Merkmale wie Nase, Augen und Haarfarbe. Später kommen Irritationen über sein Wesen und sein Verhalten dazu. Beinah befremdlicher ist jedoch die Tatsache, dass der Nachwuchs sein Anderssein anscheinend auch noch kultiviert. Er widersetzt sich allen Erwartungen und wehrt sich vehement dagegen, in irgendein Schema gepresst zu werden.
Was Menschen mit einem Wassermannaszendenten nicht ausstehen können, sind Gesetze und Regeln a priori. Sie hassen alles, was so ist, weil es so ist oder so zu sein hat. Für sie zählen Einsicht, Vernunft und Verstehen. Man könnte auch sagen, sie folgen einer Moral, die schon vor ihrer Geburt in ihr Hirn gepflanzt wurde.
Menschen mit Wassermannaszendent stehen von Kindheit an mit Autoritäten auf Kriegsfuß. Heftige Auseinandersetzungen während der Pubertät bleiben bei diesem ausgeprägt individualistischen Charakter kaum aus. Dass es solche Kinder früh aus dem Haus zieht, ist nur konsequent. Man lasse sie gehen. Sie finden ihren Weg hinaus – und auch wieder einen zurück.
Im Erwachsenenalter kommen auch diese lebhaften Wesen etwas zur Ruhe. Sie dürfen aufatmen. Allerdings sollten Sie sich tunlichst ersparen, in einem allzu autoritären und hierarchisch gegliederten Umfeld zu arbeiten und zu leben. Das klappt mit diesem Aszendenten nicht. Passend sind Berufe mit kreativem Potenzial und möglichst offenen Arbeitszeiten. Vierzehn Stunden als Be-

leuchter beim Film, wovon nur acht Stunden bezahlt werden, machen zufriedener denn verbriefte acht Stunden als Beamter auf Lebenszeit. Menschen mit Aszendent Wassermann werden auch aus einem ersten Kuss nie gleich ein »Immer und ewig« machen. Sie sind ausgesprochen freiheitsliebende Wesen, die sich erst dann binden wollen, wenn sie viel Erfahrung gesammelt haben.
Das Alter überrascht: Sofern sie ihre Individualität und Besonderheit gelebt haben, erwartet sie ein vergnüglicher Lebensabend, an dem sie ihrem Bedürfnis nach Freiheit und Unabhängigkeit unvermindert nachgehen können. Haben sie sich jedoch diesen Drang »verkniffen«, können sie unter Umständen absurde Gewohnheiten entwickeln. Kommt dann der Tod, ist ihre Seele neugierig und gespannt, was dahinter beginnt.

Aszendenten-Check
Wie ergänzen sich Sonne und Aszendent? Das Sonnenzeichen Widder und der Aszendent Wassermann sind bestens aufeinander eingestimmt und verhelfen zu kreativen Höhenflügen. Am Bodenkontakt mangelt es zuweilen. Es gilt, Menschen zu misstrauen, die einen bremsen. Man suche und achte solche, die einem dabei helfen können, seine Träume zu verwirklichen.

Aszendent Fische – Ein Mystiker werden

Aszendentenstärken Geheimnisvoll, intuitiv, sensibel, mitfühlend, mystisch
Aszendentenschwächen Unsicher, unrealistisch

»Tat twam asi«: Dieser Satz entstammt der indischen Philosophie und besagt, dass Objekt und Subjekt, Ich und Du, nicht getrennt, sondern eins sind. Der große Philosoph Arthur Schopenhauer (1788–1860) bezieht sich auf diesen Satz, wenn er über das Mitleid oder Mitgefühl philosophiert. Er sieht die metaphysische Grundlage des Mitgefühls darin, dass wir im Grunde alle eins sind. Wir selbst sind es also, die im anderen leiden. Und wir

helfen daher der eigenen Person, wenn wir praktisches Mitleid üben.
Tiere haben kein Mitgefühl oder höchstens Spuren davon. Kleinkinder können unendlich grausam sein und zeigen in aller Regel lange nichts von diesem Mitleiden, das Heranwachsende und Erwachsene zuweilen überfällt. Menschen mit dem Aszendenten Fische sind besonders davon betroffen. Ihr Herz krampft sich zusammen, wenn sie an einem Bettler vorbeigehen. Es kann ihnen die Tränen in die Augen treiben, wenn sie andere leiden sehen. Wann immer sie jemand braucht, sind sie zur Stelle. Selbstverständlich. Sich ständig ausnutzen zu lassen geht natürlich auch nicht. Manche Menschen mit Fischeaszendent verzweifeln an ihrer Empathie, weil sie von dem, was sie geben, nie etwas zurückerhalten. Es kommt sogar nicht selten vor, dass jemand mit diesem Aszendenten regelrecht hart und abweisend wird. Aber das ist nur ein Schutz gegen den weichen Kern und schadet letztlich dem Karma. Kinder mit Fischeaszendent sind zarte, sensible, sehr »durchlässige« Wesen, die die Gefühle anderer unmittelbar aufnehmen. Umgekehrt erkennt man sofort, wie es ihnen geht. Sind sie verstimmt, leiden sie, und zwar still und leise. Meist ist die Ursache ihres Kummers die Familie, für deren Schwierigkeiten sie sich »zuständig« fühlen. Die Pubertät kann schrecklich sein. Mit allen Mitteln wird um Anerkennung und Liebe gerungen, und man erliegt doch immer wieder dem »Wasser«, verliert sich und geht unter. Glück hat, wer in seiner Familie mit Toleranz und Verständnis aufwächst. Das Unglück wiederum häuft sich zu einem Berg, wenn einem auch noch die Eltern vorwerfen, nicht so zu funktionieren wie andere. Das setzt sich im Erwachsenenalter fort. Nur sind es jetzt Chefs und Kollegen, von denen man abhängig ist. Menschen mit Fischeaszendent werden es sicher leichter haben, wenn sie in künstlerischen oder sozialen Bereichen arbeiten können. Dennoch sind es letztlich die Mitmenschen, die einem das Leben leichter oder schwerer machen, egal, ob man Krankenschwester oder Verkäuferin in einem Supermarkt ist.
Das Alter bringt hier die große Erleichterung. Dann endlich können

die Betreffenden loslassen und müssen niemandem mehr was beweisen. Bis dahin haben sie dann auch längst herausgefunden, dass Alleinsein nicht Einsamkeit bedeutet, sondern sich dabei viel eher das Gefühl einstellt, »all-eins« zu sein. Das Loslassen schafft zudem Raum für neue Interessen oder versteckte Fähigkeiten. Vielleicht ergibt sich ein künstlerisches Hobby. Ich kenne Frauen, die noch mit siebzig Astrologie oder alternative Heilverfahren studieren.
Je älter sie werden, umso stiller und zurückgezogener leben Menschen mit diesem Aszendenten – vorausgesetzt, sie sind im Frieden mit ihrem Karma. So können sie dann auch irgendwann auf dem Strom des Lebens hinübertreiben in die Anderswelt.

Aszendenten-Check
Wie ergänzen sich Sonne und Aszendent? Die Mischung ist widerspruchsvoll. Am wichtigsten wird sein, sich selbst erst einmal zu dieser Widersprüchlichkeit zu bekennen und sich nicht zu verurteilen oder eine der beiden Seiten aufzwingen zu lassen. Im Lauf des Lebens wird man dann immer besser darin, beide Wesenszüge zu leben.

Der Mond – Die Welt der Gefühle

Die Welt, die monden ist

Vergiss, vergiss, und lass uns jetzt nur dies
erleben, wie die Sterne durch geklärten
Nachthimmel dringen, wie der Mond die Gärten
voll übersteigt. Wir fühlten längst schon, wie's
spiegelnder wird im Dunkeln, wie ein Schein
entsteht, ein weißer Schatten in dem Glanz
der Dunkelheit. Nun aber lass uns ganz
hinübertreten in die Welt hinein, die monden ist.

Rainer Maria Rilke (1875–1926)

Die Bedeutung des Mondes

In einem Schöpfungsmythos heißt es, der Mond sei ein Kind der Erde. Ein anderer beschreibt ihn als Teil unseres Planeten, den dieser aus sich herausgerissen und in den Himmel geschleudert habe, um damit Raum für das Wasser der großen Ozeane zu schaffen. Und dieses Wasser brachte der Erde Fruchtbarkeit. Zu letzterer Geschichte würde passen, dass das Volumen des Mondes, großzügig bemessen, etwa so groß ist wie der Raum, den alle Meere zusammen einnehmen.

Unter den Gestirnen am nächtlichen Himmel ist der Mond uns am nächsten und am vertrautesten. Er nimmt der Nacht ihre tiefe Dunkelheit und schenkt damit Trost und Hoffnung. Er ist uns so vertraut, dass wir in ihm menschliche Umrisse zu erkennen meinen: Seine Schatten bilden ein Gesicht, wir sehen eine alte Frau oder den Mann im Mond mit einem Reisigbündel auf dem Rücken. Er ist Gegenstand von Traumwelten. Wir besingen ihn in Gedichten und kraxeln mit Münchhausen an der Bohne zu ihm hoch oder umkreisen ihn mit Jules Verne.

Blicken wir zum Mond, erfahren wir Wandel und Veränderung: Täglich ist er ein Stück größer oder kleiner und geht früher oder später auf und unter. Manchmal ist er überhaupt nicht zu sehen, und dann wieder scheint er so hell, dass die Nacht fast zum Tag wird. Nimmt er zu, taucht er schon am Nachmittag als bleiches, fast durchsichtig erscheinendes Gebilde am Himmel auf, das von Stunde zu Stunde kräftiger wird, bis es sich hellweiß vom blauen Himmel abhebt. Nimmt er ab, bleibt er noch lange am Tageshimmel wie ein Phantom, das immer blasser und formloser wird, um sich schließlich wie ein Wolkengespinst in nichts aufzulösen. Das Geheimnisvolle, das Veränderliche, das Tröstende und das Ängstigende, das sind die unmittelbaren Begleiter des Mondes.

Als Gegenspieler zur brennenden Sonne bringt der Mond erfrischende Kühle. Und das ist eine wichtige Qualität. Vor allem in der südlichen Hemisphäre, besonders in den unendlichen Weiten der Wüsten, galt der Mond schon immer als Manifestation von Fruchtbarkeit, und das einfach deswegen, weil während eines

Großteils des Jahres allein die Nacht die Kühle bringt, die Mensch und Natur benötigen, um zu leben und zu überleben. Die sich füllende und wieder leerende Schale am Himmel ist dort ein Symbol für Quelle und Wasser und damit für die wichtigsten »Schätze« der Wüste. Dass ein Land wie Tunesien, dessen Gebiet sich zu einem großen Teil über die Sahara erstreckt, den Mond in seinem Wappen trägt und ihm damit ein überragendes Denkmal setzt, ist weder ein Wunder noch ein Zufall.

Vom Wasser und Fruchtbarkeit bringenden Mond ist es nur ein kleiner Schritt zum größten Mysterium des Lebens, nämlich zu Schwangerschaft und Geburt. Die Astrologie verbindet den Mond mit dem Urweiblichen – von der Empfängnis über die Schwangerschaft und Geburt bis hin zum mütterlichen Stillen und dem Muttersein selbst. Die offensichtlichste Analogie zwischen Frau und Mond ist natürlich, dass sein Lauf von einem Vollmond bis zum nächsten genauso lange dauert wie ein weiblicher Zyklus, nämlich vier Wochen.

In allen Mythen, Geschichten und Erzählungen über den Mond wird er als weiblich, die Sonne hingegen als männlich gesehen. In den romanischen Sprachen setzt sich diese Tradition fort: So heißen Sonne und Mond im Italienischen *la luna* und *il sole*, im Französischen *la lune* und *le soleil*. Warum der Mond im Deutschen männlich, die Sonne hingegen weiblich ist, mag ein zufälliger Dreher sein. Zu vermuten ist allerdings, diese Zuordnung könnte bedeuten, dass in unserer Sprache ein Wechsel geschlechtsspezifischer Prägung möglich ist – mit allen Vor- und sämtlichen Nachteilen.

Der Mond also – gemeint jedoch ist die »Möndin« – stellt die Verkörperung alles Weiblichen dar. Dass dies automatisch nur auf Frauen zutreffen muss, ist damit keineswegs gesagt. Warum sollte ein Mann nicht »weiblich« sein können – und umgekehrt eine Frau nicht auch »männlich«? In manchen »Mondländern« jedenfalls ist die überkommene Fixierung der Geschlechterrollen zum Teil unerträglich: Es ist für die Gesellschaft sicher wichtig, dass Frauen als potenziellen Müttern Achtung entgegengebracht wird;

aber es ist *ver*achtend, ihnen darüber hinaus keine Aufgaben zuzugestehen. Dass sie, wenn sie keine Kinder mehr bekommen können, nicht viel mehr »wert« sein sollen als eine Ziege oder ein Kamel, verletzt schlichtweg die Menschenwürde.

Zurück zum Mond: Er empfängt, geht schwanger, gebärt, nährt, hegt und pflegt. Genau das Gleiche »macht« er in unserem Horoskop, also mit uns: In dem Tierkreiszeichen, in dem er sich bei der Geburt gerade befindet, ist sein Standort, sein Zuhause. Dort will und muss er seiner Bestimmung nachkommen und wird im Laufe eines menschlichen Lebens empfangen, schwanger werden, gebären, nähren, hegen und pflegen.

Darin unterscheidet sich der Mond von der Sonne, die Energie und Vitalität in uns entzündet und damit Lebensfreude und Schaffenskraft stiftet. Der Mond empfängt. Er bekommt die Kraft und das Licht der Sonne, um zu leuchten, so wie in der traditionellen Rollenverteilung die Frau des Schutzes und der Versorgung durch den Mann bedarf. Aber der Schluss, Mondlicht wäre nur reflektierter Sonnenschein, ist falsch. Die Astrologie weiß von ureigenen Kräften des Erdtrabanten. Er transformiert Sonnenenergie. Um sich wenigstens etwas von dieser Umgestaltungskraft vorstellen zu können, sei auf den Vorgang von Zeugung und Schwangerschaft verwiesen: Der Same wäre dann der »Beitrag« der Sonne (des Mannes). Dass daraus schließlich ein menschliches Wesen wird, wäre wiederum die »Zugabe« des Mondes (der Frau). Bei der Sonne fragt der Astrologe: »Was kann ich? Wo ist mein größtes Potenzial?« Beim Mond fragt er: »Wo bin ich zu Hause? Wo fühle ich mich wohl? Wie erlebe und fühle ich? Wo will ich ›gebären und fruchtbar werden‹?« Und das ist natürlich in keiner Weise »nur« aufs Kinderkriegen beschränkt.

Der Mond als sich wandelnder himmlischer Geist war aber auch schon immer ein Symbol für das Innenleben. Verweist uns die Sonne auf unsere Fassade, die äußere Erscheinung, mit der wir uns der Welt präsentieren und von der wir uns wünschen, dass uns andere auch so erleben, verrät uns der Mond unsere Empfindungen, unsere Gefühle. Darüber sprechen wir nicht mit jedem, wir offenbaren sie nur den Menschen, die uns nahe sind und denen wir vertrauen. Das Sternzeichen, der Stand der Sonne, beleuchtet unser öffentliches Sein. Der Mond hingegen spielt im zwischenmenschlichen und damit eher im privaten Sein eine große Rolle.

Aber es geht noch tiefer, wird noch geheimnisvoller: Der Mond ist nicht nur zuständig für unser Innenleben. Er blickt auch in einem übergeordneten Sinn »dahinter«: Der Mond – die »Möndin« – öffnet ein Fenster in eine andere Dimension. In unserer westlichen Zivilisation ist der Zugang meist nur wenigen begnadeten Seelen möglich. Oft sind das Künstler. Ein wunderbares Beispiel ist das Gedicht von Rainer Maria Rilke über den Mond, das diesem Kapitel als Einstimmung vorangestellt ist. Aber auch während eines Sommeraufenthalts in Italien oder Griechenland lässt sich etwas vom Mythos Frau Lunas erahnen, dann nämlich, wenn sich wie aus dem Nichts heraus am helllichten Tag ein Geist am Himmel offenbart, der sehr viel später erst zum Mond wird. Noch viel deutlicher aber ist es in der Wüste, der Urheimat der Astrologie. Dort ist der Trabant kein fremdes Gestirn, sondern eine Göttin, die sich am Himmel offenbart und einen Türspalt offen lässt für diejenigen, die bereit sind, hinüberzuschauen. Der Mond verkörpert auch die heilige Schale der Taufe und die Einweihung in die Geheimnisse des Seins. Dort, wo er im Horoskop steht, findet sich die Gnade, an übersinnlichen Erfahrungen teilzuhaben. Er ist eine Pforte in das Reich der Mystik und Spiritualität. Der Mond führt zu Gott, nicht unser Zentralgestirn.

Frauen sind dem astrologischen Mond näher als ihrer Sonne. Sie müssten sich daher eigentlich auch eher an ihrem Mond- als an ihrem Sternzeichen orientieren. Es ist aber so, dass sich die gängige Astrologie an der Sonne und damit am Männlichen ausrichtet: Ein Sonnen- oder Sternzeichenhoroskop findet man beinah in jeder Zeitung, das Mondzeichenhoroskop hingegen in keiner einzigen.

Je mehr eine Frau allerdings aus ihrer klassischen Rolle einer Mutter und Hausfrau herauswächst und »ihren Mann steht«, desto stärker wird sie auch ihre Sonne leben. Allerdings wäre es völlig falsch, wenn sie den Mond dann unberücksichtigt ließe. Eine bewusste und emanzipierte Frau schöpft aus beiden: Führungsaufgaben, die von Männern grundsätzlich hierarchisch gelöst werden, packen Frauen anders an. Sie lassen mehr Nähe (Mond) zu und motivieren ihre Mitarbeiter dadurch auf einer persönlicheren Ebene. Auch bei Entscheidungen sind Frauen, die sowohl Logik (Sonne) als auch Intuition (Mond) zulassen können, Männern überlegen, die sich nur nach der Sonne richten.
Während Frauen ihren Mond eher unmittelbar selbst leben, neigen Männer dazu, sich eine Frau zu suchen, die ihrem Mond entspricht. Insofern gelten die Aussagen über die einzelnen Mondpositionen für Männer nur indirekt, sie beschreiben sozusagen »Suchbilder«. Ein solches Bild bezieht sich dann auf die Frau, mit der man zusammenleben will und die möglicherweise sogar die Mutter gemeinsamer Kinder wird.

☾ Der Mond ist der Hausplanet oder das herrschende Gestirn des Krebszeichens und übernimmt auch das Element des Zeichens, also Wasser. Das astrologische Symbol besteht aus zwei Halbkreisen – dem Ursymbol des Seelischen.
Auf den folgenden Seiten finden sich die zentralen Eigenschaften der zwölf Mondpositionen. Bei der individuellen Anwendung ist stets zu berücksichtigen, dass die Mondposition immer auch durch die Häuser und durch Verbindungen mit verschiedenen Gestirnen eine andere Färbung bekommen und im Einzelfall auch einmal stark von den hier genannten Deutungen abweichen kann.
Ihre exakte Mondposition können Sie wieder über die Homepage des Autors herunterladen (www.bauer-astro.de).

Der Widder und seine Mondzeichen

Der Mond im Zeichen Widder – Temperamentvoll

Mondstärken Unternehmungslust, Impulsivität, Direktheit, Selbständigkeit, Ichhaftigkeit, Suche nach eigenständiger Wirksphäre, intensives Phantasieleben, musikalische oder bildnerische Begabung, Ideenträger sein, Erspüren von Macht
Mondschwächen Aggressivität, Spannung, Ungeduld, Nervosität

Die Botschaft des Mondes lautet: »Das Leben ist ein immerwährender Kampf. Sei wachsam und bereit. Lass dich nicht unterkriegen, sondern versuch dir einen der vorderen Plätze im Leben zu ergattern. Das ist deine Bestimmung. Du brauchst zwar Pausen, in denen du auftanken kannst, aber zu lange darfst du dich nie dem aktiven Leben entziehen. Sonst könntest du zurückfallen und untergehen. Du brauchst Erfolgserlebnisse. Sie sind der Stoff, der dich am Leben hält. Sei immer auf der Hut!«

Mond-Check

Wie weiblich macht dieser Mond? Nicht besonders stark. Widder ist ein sehr männliches Zeichen.
Wie mütterlich macht dieser Mond? Man wird ein »Kumpel zum Pferdestehlen«, aber kein ausgeprägter Muttertyp.
Wie gefühlvoll macht dieser Mond? Er macht sehr feurig. Aber das bedeutet nicht, dass man in Gefühlen geradezu badet.
Wie intuitiv macht dieser Mond? Sehr sensibel und unglaublich phantasievoll.
Was braucht man mit diesem Mond? Wärme, Selbstbestätigung, Aufmerksamkeit, Anerkennung.
Für den Mann: Wie lautet das Suchbild »(Mond-)Frau«? Sie soll temperamentvoll, ichhaft, bestimmend, aktiv sein und darf ruhig auch den Ton angeben.

Eine besondere Konstellation

Sie sind in der Neumondphase (zwei Tage vor bis zwei Tage nach Neumond) geboren. Sie sind damit ein besonderer Mensch. Denn in Ihnen ist eine große Sehnsucht nach inniger Nähe zu geliebten Menschen, die Sie in einer erfüllten Partnerschaft zu verwirklichen versuchen.

Der Mond im Zeichen Stier – Erdverbunden

Mondstärken Lebensfreude, Genuss, gefestigtes Gefühlsleben, Naturliebe, Musikalität, Sammelleidenschaft, Gutmütigkeit, Häuslichkeit, Geschmack

Mondschwächen Antriebsschwäche, Materialismus, Geiz, Gier

Die Botschaft des Mondes lautet: »Du bist ein Kind der Erde. Verbinde dich daher stets mit ihr. Hier findest du alles, was du brauchst. Lass die Erde auch deine Lehrmeisterin sein. Lerne von ihr. Beobachte, wie alles mit einem Samen – also klein – beginnt und mit der Zeit immer größer wird. Sei geduldig, und Größe und Reichtum sind dir sicher. Lerne auch von der Mutter Erde, dass alles einem Kreislauf folgt. Sei also bereit, zu bestimmten Zeiten loszulassen, um dann wieder neu empfangen zu können.«

Mond-Check

Wie weiblich macht dieser Mond? Sehr weiblich. Er ist beinah so etwas wie der Inbegriff von Weiblichkeit.
Wie mütterlich macht dieser Mond? Kinder und Familie gehören zu ihm.
Wie gefühlvoll macht dieser Mond? Er beschert ein sehr natürliches und selbstverständliches Gefühlsleben.
Wie intuitiv macht dieser Mond? Man fühlt sich den Geschöpfen der Natur sehr nah und bezieht aus der Natur Kraft und Intuition.
Was braucht man mit diesem Mond? Seinen Platz, ein Zuhause, Sicherheit, einen gewissen Wohlstand.
Für den Mann: Wie lautet das Suchbild »(Mond-)Frau«? Sie soll praktisch, sinnlich und fürsorglich sein.

Der Mond im Zeichen Zwillinge – Heiter

Mondstärken Vielseitigkeit, Ausdrucksfähigkeit, Kontaktfreude, schriftstellerische Begabung, intuitives Erfassen anderer Menschen, gute Selbstdarstellung ***Mondschwächen*** Oberflächlichkeit, Manipulation, Enttäuschungen, Zerrissenheit

Die Botschaft des Mondes lautet: »Du bist aus dem Element Luft geboren, leicht wie sie und grenzenlos. Das musst du dir als dein Lebensprogramm immer vor Augen halten: Niemand und nichts darf dich je einengen oder festhalten. Du wirst dich selbst binden und festsetzen, aber nie für immer und stets so, dass du jederzeit entweichen kannst. Deine Bestimmung ist, Menschen miteinander zu verbinden, ein Netz von Beziehungen zu erstellen. Unter Menschen fühlst du dich zu Hause.«

Mond-Check

Wie weiblich macht dieser Mond? Zwillinge ist ein männliches Zeichen und prägt entsprechend.
Wie mütterlich macht dieser Mond? Es ist absolut kein »Muttertyp« zu erwarten.
Wie gefühlvoll macht dieser Mond? Der Zugang zu tiefen Gefühlen fällt recht schwer.
Wie intuitiv macht dieser Mond? Menschen mit dieser Konstellation reagieren oft sehr intuitiv.
Was braucht man mit diesem Mond? Menschen um sich, Unterhaltung, Ansprache, Freunde.
Für den Mann: Wie lautet das Suchbild »(Mond-)Frau«? Sie soll kommunikativ, gebildet, unterhaltsam und freiheitsliebend sein.

Der Mond im Zeichen Krebs – Gefühlvoll

Mondstärken Für andere da sein, Erlebnistiefe, seelische Beeindruckbarkeit, ausgeprägtes Traumleben, starke unbewusste Kräfte, mütterlich und häuslich sein, starkes Innenleben, große Einfühlungsgabe, telepathische Fähigkeiten

Mondschwächen Täuschungen, unverstanden sein, Launenhaftigkeit, Mutterprobleme

Die Botschaft des Mondes lautet: »Du bist mir besonders nah. Fest sind wir miteinander verbunden. Daher veränderst du dich mit meinem Wandel: Werde ich schmäler, willst auch du dich verausgaben. Bin ich ganz verschwunden, ziehst du dich ebenfalls zurück. Umgekehrt ist es dir danach, dich zu zeigen, fröhlich und extravertiert zu sein, wenn ich wieder größer werde. Dir öffne ich auch – mehr als jedem anderen – ein Fenster, damit du hinüberschauen kannst in die Welt der Wunder.«

Mond-Check

Wie weiblich macht dieser Mond? Extrem weiblich.

Wie mütterlich macht dieser Mond? Eigene Kinder und eine Familie, für die man sorgen kann, gehören zu dieser Konstellation.

Wie gefühlvoll macht dieser Mond? Es entwickelt sich ein starkes Gefühlsleben.

Wie intuitiv macht dieser Mond? Träume und Intuition haben große Tiefe.

Was braucht man mit diesem Mond? Eine Familie, Kinder, immer wieder Zeit für sich.

Für den Mann: Wie lautet das Suchbild »(Mond-)Frau«? Sie soll die Mutter »seiner« Kinder werden, häuslich, liebevoll und fürsorglich sein.

Der Mond im Zeichen Löwe – Stolz

Mondstärken Darstellungskunst, Selbstvertrauen, Kreativität, Gerechtigkeitsempfinden, Unternehmungsgeist, schauspielerische Talente
Mondschwächen Theatralik, Übertreibung, Trägheit, Faulheit, Narzissmus

Die Botschaft des Mondes lautet: »Du hast einen besonders starken Mond, einen, der ständig in seiner vollen Größe zu sein scheint. Das führt dazu, dass du ein ausdrucksstarker, emotionaler Mensch bist. In dir entspringt eine Quelle ununterbrochener Kreativität und Inspiration, das äußert sich als starkes Phantasie- und Traumleben. Du musst Möglichkeiten finden, dein inneres Erleben nach außen zu transponieren. Du verkümmerst, wenn du dein Mondgeschenk nicht lebst.«

Mond-Check

Wie weiblich macht dieser Mond? Löwemond-Menschen sind feurig und stark.
Wie mütterlich macht dieser Mond? Sie übernehmen gern die Mutterrolle, um andere zu verwöhnen.
Wie gefühlvoll macht dieser Mond? Sie haben spontane, feurige Gefühle, verlieren sie aber auch schnell wieder.
Wie intuitiv macht dieser Mond? Licht und Wärme nähren ihre Intuition und führen zu großer Kreativität und Schöpferkraft.
Was braucht man mit diesem Mond? Feuer, Wärme, Sonne, aber auch Bestätigung und Achtung: Daraus besteht dieses Lebenselixier.
Für den Mann: Wie lautet das Suchbild »(Mond-)Frau«? Eine starke Frau soll es sein, der man gern auch die Regie über Haus und Familie anvertraut.

Der Mond im Zeichen Jungfrau – Vorsichtig

Mondstärken Vorhersehen können, Organisations- und Konzentrationsfähigkeit, Ordnungsliebe, Gespür für gesundheitliche Belange, bewusste Ernährung, Zugang zu geheimem Wissen

Mondschwächen Abhängigkeit von Zuwendung

Die Botschaft des Mondes lautet: »Das Leben ist keine Autobahn, auf der es immer geradeaus geht. Ein Weg voller Überraschungen erwartet dich. Daher ist es wichtig, dass du stets hellwach bist, um zu wissen, was kommt. Ich, dein Mond, habe dich deshalb auch mit der Gabe der Vorausschau ausgestattet, damit du nie im Dunkeln tappst. Aber du bist auch ein Erdzeichen, ein Kind unseres Planeten. Dies bedeutet, dass du mit der Zeit seinen gesetzmäßigen Lauf immer besser erkennst. Es hilft dir, dein Leben zu beruhigen. Lerne daher von der Erde und dem Wechsel der Jahreszeiten.«

Mond-Check

Wie weiblich macht dieser Mond? Er macht eher mädchenhaft als weiblich (und eher burschikos als männlich).

Wie mütterlich macht dieser Mond? Frauen mit dieser Mondstellung sind keine »schlechten Mütter«, fühlen sich aber oft zu etwas anderem berufen.

Wie gefühlvoll macht dieser Mond? Empfindungen gegenüber macht er eher misstrauisch.

Wie intuitiv macht dieser Mond? Die Erde offenbart ihr Wissen, so dass die Betreffenden es zum Beispiel auch für heilendes Wirken anwenden können.

Was braucht man mit diesem Mond? Kontakt mit Mutter Erde, Sicherheit, einen Lebensplan.

Für den Mann: Wie lautet das Suchbild »(Mond-)Frau«? Sie soll klug und praktisch sein, ihr Gefühlsleben unter Kontrolle haben, und sie darf sich nicht in Abhängigkeiten verstricken.

Der Mond im Zeichen Waage – Ausgewogen

Mondstärken Andere spüren können, gern unter Leuten sein, Kontaktfreude, Sinn für Ästhetik, Kunst, Schönheit, verbindend und ausgleichend sein, Gerechtigkeitsliebe
Mondschwächen Entscheidungsunfähigkeit, Antriebsarmut, Überempfindlichkeit, Abhängigkeit

Die Botschaft des Mondes lautet: »Du hast eine Art Wünschelrute, mit deren Hilfe du jedes Ungleichgewicht erspüren kannst. Lebt jemand in Disharmonie oder herrscht eine Unstimmigkeit zwischen Menschen, schlägt dein magisches Instrument augenblicklich aus. Am schnellsten reagierst du auf eigene Störungen, weswegen es für dich sehr wichtig ist, in Harmonie und Frieden zu leben und dein Umfeld entsprechend auszuwählen. Andere suchen dich auf, weil du sie nicht nur bestens verstehst, sondern auch dazu beiträgst, für Versöhnung und Eintracht in ihrem Leben zu sorgen.«

Mond-Check

Wie weiblich macht dieser Mond? Er macht zärtlich, einfühlsam und auch weiblich, aber nicht im Übermaß.
Wie mütterlich macht dieser Mond? Menschen mit dem Mond im Zeichen Waage können sich Kindern gegenüber schlecht durchsetzen.
Wie gefühlvoll macht dieser Mond? Stimmungen lieben sie, starke Emotionen aber bereiten Probleme.
Wie intuitiv macht dieser Mond? Man ist sehr sensibel und ungeheuer phantasievoll.
Was braucht man mit diesem Mond? Eine harmonische Umgebung und ausgeglichene Beziehungen.
Für den Mann: Wie lautet das Suchbild »(Mond-)Frau«? Sie muss feinsinnig, geschmackvoll, sehr einfühlsam und liebesfähig sein.

Eine besondere Konstellation

Sie sind in der Vollmondphase (zwei Tage vor bis zwei Tage nach dem Vollmond) geboren und damit ein besonderer Mensch. Denn Sie tragen in sich die lebendige Spannung zwischen Mann und Frau am deutlichsten. Das führt zu einem reichen und faszinierenden Beziehungsleben. Es kann aber auch große Konflikte für Partnerschaft und Liebe bringen.

Der Mond im Zeichen Skorpion – Tiefgründig

Mondstärken Hinterfragen, aufdecken, im Krisenfall Stärke zeigen, okkulte Fähigkeiten, suggestive Ausstrahlung, großer Familiensinn

Mondschwächen Nicht loskommen von der Mutter, Despotismus, krankhafte Eifersucht, Misstrauen

Die Botschaft des Mondes lautet: »Da das Wesentliche, Eigentliche und Wahre in aller Regel nicht offensichtlich wird, ist es deine Bestimmung, dich bis ins Innerste der Menschen hineinzuspüren. Deinem Röntgenblick bleibt nichts verborgen. Jeden unterziehst du einer Prüfung, und nur wenn er sie besteht, lässt du dich auf eine Beziehung ein. Letztlich suchst du so ein Gegenüber, das dich ergänzt – dein Du –, um mit ihm eine Familie zu gründen. In deinen Kindern lebst du weiter. Sie geben dir Zukunft, auch wenn es dich nicht mehr gibt.«

Mond-Check

Wie weiblich macht dieser Mond? Menschen mit einem Skorpionmond verfügen über große weibliche Kräfte.

Wie mütterlich macht dieser Mond? Gute Mütter sind das – auch die Männer …!

Wie gefühlvoll macht dieser Mond? Man empfindet tiefe Gefühle und große Leidenschaft.

Wie intuitiv macht dieser Mond? Die Betreffenden sind visionär und haben magische Fähigkeiten.

Was braucht man mit diesem Mond? Vertrauen und Sicherheit
Für den Mann: Wie lautet das Suchbild »(Mond-)Frau«? Sie muss stark und bereit sein für ein ehernes Bündnis und gemeinsame Kinder.

Der Mond im Zeichen Schütze – Sinnstiftend

Mondstärken Optimistisch, motivierend, begeisternd, vielseitig, schriftstellerische Talente, sportliche Fähigkeiten, gut im Ausland leben können
Mondschwächen Blauäugigkeit, Naivität, Phantasterei

Die Botschaft des Mondes lautet: »Du bist auf die Welt gekommen, um der Dunkelheit ein Ende zu bereiten, dem Guten und Gesunden zum Sieg über das Böse und Kranke zu verhelfen. Verstehen, einen Sinn verleihen, verzeihen – so lauten deine Waffen, mit denen du ins Feld ziehst und siegreich zurückkommst. Du bist wie eine heilige Schale, welche alle Waffen stumpf macht, die in sie gelegt werden. Schlimmes wird erlöst. Wunden können heilen. Friede kehrt ein.«

Mond-Check

Wie weiblich macht dieser Mond? Auch als Frau stehen diese Menschen leicht ihren Mann.
Wie mütterlich macht dieser Mond? Zu viel Mütterlichkeit ist ihnen suspekt.
Wie gefühlvoll macht dieser Mond? Sie sind feurig, ekstatisch, aber nicht gerade gefühlvoll.
Wie intuitiv macht dieser Mond? Man verfügt über große Intuition und Seelenstärke.
Was braucht man mit diesem Mond? Eine Aufgabe, die etwas Sinnvolles zum Ziel hat.
Für den Mann: Wie lautet das Suchbild »(Mond-)Frau«? Sie muss selbständig, aktiv, sportlich sein. Man muss sich mit ihr auch geistig austauschen können.

Der Mond im Zeichen Steinbock – Überpersönlich

Mondstärken Klares Gefühlsleben, Selbstbeherrschung und Pflichtbewusstsein, Streben nach Objektivität und Durchsichtigkeit, Ernsthaftigkeit, Liebe zum Beruf

Mondschwächen Sich selbst zu negativ sehen, abhängig sein von beruflichem Erfolg, Gefühlskontrolle

Die Botschaft des Mondes lautet: »Du bist mit der Gabe gesegnet, das Allgemeine und Wesentliche auch im Einzelnen und Persönlichen zu erkennen. Das macht dich zu einer Person, die den Menschen in ihrer Gesamtheit verpflichtet ist. Dafür tritt das Persönliche und Individuelle bei dir zurück. Es wird unbedeutend. Du bist Wächter und Bewahrer des Seelischen, Stimmigen und Wahren.«

Mond-Check

Wie weiblich macht dieser Mond? Menschen mit dieser Mondposition sind sehr weiblich, ohne es immer nach außen hin deutlich zu zeigen.

Wie mütterlich macht dieser Mond? Auch ihre Mütterlichkeit ist ausgeprägt, aber nicht unbedingt für eigene Kinder.

Wie gefühlvoll macht dieser Mond? Sie unterscheiden echte und wahre Gefühle von Emotionen, die vorgetäuscht werden.

Wie intuitiv macht dieser Mond? Die Betreffenden haben die Fähigkeit, Visionen zu entwickeln.

Was braucht man mit diesem Mond? Eine Aufgabe für die Allgemeinheit.

Für den Mann: Wie lautet das Suchbild »(Mond-)Frau«? Sie soll eine gewisse Persönlichkeit ausstrahlen, stark und selbständig sein.

Der Mond im Zeichen Wassermann – Schöpferisch

Mondstärken Sozial, human, freundlich, aufgeschlossen, ungebunden, Veränderungsliebe, Reisefreude, Erfindungsgabe, Intuitionskraft, Reformwillen
Mondschwächen Zwanghaft antiautoritäres Denken und Handeln, Verwirrtheit

Die Botschaft des Mondes lautet: »Du bist mit einer schöpferischen Quelle verbunden, in der ununterbrochen Neues geboren, Altes verwandelt und neu gestaltet wird. Das Unvorhersehbare, Neue und Fremde ist deine Heimat. Das führt manchmal dazu, dass du dir selbst in deinem Inneren fremd vorkommst, voller Widersprüche steckst und nicht mehr recht weißt, wer du bist und woher du kommst. Solche Phasen dienen aber der Vorbereitung eines neuen schöpferischen Schubs. Du darfst dich davon nicht verwirren lassen.«

Mond-Check
Wie weiblich macht dieser Mond? Männlich oder weiblich? Beide Seiten sind Menschen mit dieser Konstellation vertraut.
Wie mütterlich macht dieser Mond? Sie sind der beste Gefährte und Freund aller Kinder, aber nicht der klassische Muttertyp.
Wie gefühlvoll macht dieser Mond? Stimmungen sind wunderbar. Emotionen gegenüber sind die Betreffenden misstrauisch.
Wie intuitiv macht dieser Mond? Sie haben häufig Offenbarungsträume, in denen sie Hinweise für ihren Lebensweg erhalten.
Was braucht man mit diesem Mond? Anregungen, Veränderungen und die Möglichkeit, sich schöpferisch betätigen zu können.
Für den Mann: Wie lautet das Suchbild »(Mond-)Frau«? »Etwas Besonderes« soll sie sein – frei, unabhängig – und sich von anderen Frauen unterscheiden.

Der Mond im Zeichen Fische – Geheimnisvoll

Mondstärken Medialität, heilerische Qualitäten, Kraft durch Glauben, Sensibilität, Liebe für andere, Liebe zur Schöpfung, verlässliches instinkthaftes Gespür

Mondschwächen Wirre Phantasievorstellungen, Unsicherheit, Bindungslosigkeit

Die Botschaft des Mondes lautet: »Du bist wie der Mond, der sich am Vormittag noch am blauen Himmel zeigt, bis er mit ihm auf rätselhafte Weise verschmilzt – schillernd, beinah durchsichtig und im Inneren zerbrechlich und fein. Du bist dem Gefäß, in dem die Seele wohnt, sehr nah und weißt, dass man sie nicht fassen kann. Sie zeigt sich nur denen, die ohne Absicht sind, Kindern und Heiligen. Du bist voller Liebe für alles, was unvollkommen ist, kannst heilen und versöhnen.«

Mond-Check

Wie weiblich macht dieser Mond? Äußerst weiblich.

Wie mütterlich macht dieser Mond? Menschen mit einem Fischemond fühlen sich als Mutter der gesamten Schöpfung.

Wie gefühlvoll macht dieser Mond? Sie sind unglaublich gefühlvoll.

Wie intuitiv macht dieser Mond? Mehr an Intuition weist keine der anderen Mondstellungen auf.

Was braucht man mit diesem Mond? Stille, Einkehr, Liebe und Verständnis für die geheimnisvollen Seiten des Seins.

Für den Mann: Wie lautet das Suchbild »(Mond-)Frau«? Sie soll liebevoll, geheimnisvoll, fast engelhaft sein.

Merkur – Schlau, beredt, kommunikativ und göttlich beraten

Die Bedeutung Merkurs

Der römische Gott Merkur entspricht ganz dem Hermes der griechischen Mythologie. Er war ein ausgesprochen schillernder Gott, versehen mit zahlreichen Eigenschaften und Funktionen. Respekt und Bewunderung erwarb er sich durch Klugheit und Raffinesse. So stahl er, gerade erst als Sohn des Jupiter bzw. Zeus und der Nymphe Maia geboren, dem Gott Apoll eine Rinderherde. Von diesem zur Rede gestellt, spielte er auf einem mit Fell und Saiten versehenen Schildkrötenpanzer derart gekonnt auf, dass Apolls Zorn verflog und er ihm die Rinder im Tausch gegen das Musikinstrument überließ. Ganz nebenbei hatte Merkur auf diese Weise die Lyra erfunden, jenes zauberhafte Instrument, mit dem später Orpheus Menschen wie Götter verzauberte.
Gott Merkur war also klug und listig, und genau diese Fähigkeit verleiht er auch dem Menschen. Er macht beredt, erfinderisch und verhilft einem auch mal zu einer guten Ausrede. Wegen seiner listigen Eigenschaften wurde er zum Gott der Kaufleute, Diebe und Bänkelsänger. Seine Fröhlichkeit machte ihn zum Schutzpatron all derjenigen, die auf heiteren Wegen wandeln. Und sein Diebstahl der Kühe ließ ihn selbstredend zum Gedeihen der Viehherden beitragen. Infolge seiner Lust am Reden und seines Talents, sich allemal in ein günstiges Licht zu setzen, wurde er der göttliche Freund all derer, die viel sprechen, schreiben und auf der Bühne stehen: Dichter, Sänger, Schauspieler, Politiker, Talkmaster, Ansager, Komiker, Artisten oder Musiker. Wie wir denken, reden, kommunizieren, uns darstellen und uns verkaufen, das alles verrät die Position Merkurs in unserem Horoskop. Er verkörpert unsere unbeschwerte Seite und den leichtesten Weg, den man gehen kann.
Aber Merkur hat noch mehr auf Lager: Bei den Griechen galt er als Diener Jupiters und als Götterbote, der zwischen dem Olymp, dem Wohnort der Unsterblichen, und den Menschen drunten auf der Erde vermittelte. Und er begleitete auch die Seelen der Verstorbe-

nen in die Unterwelt. Er besaß geflügelte Sandalen und einen geflügelten Hut, damit er rasch hin und her eilen konnte. Ein weiteres Attribut war sein goldener Heroldsstab, der Kerykeion, ein Zauberstab. Hermes überbrachte also den Willen seines Vaters Zeus. So führte er zum Beispiel in dessen Auftrag Hera, Athene und Aphrodite zum Idagebirge, wo Paris den goldenen Apfel der – seiner Wahl nach – schönsten der Frauen überreichen sollte. Seine Entscheidung für Aphrodite, die ihm dafür Helena versprochen hatte, löste später bekanntlich den Trojanischen Krieg aus.
Tatsächlich fungiert Merkur auch in der Astrologie als eine Art Empfangs- und Sendestation. Wo er sich in unserem Horoskop befindet, sind uns die Götter besonders nah und übermitteln uns ihre Botschaften und Nachrichten. Umgekehrt können wir dort die Götter am ehesten erreichen.
Merkur ist der sonnennächste Planet. Er zieht seine Kreise um unser Zentralgestirn so eng, dass er sich nie mehr als maximal ein Zeichen von der Sonne entfernen kann. Das führt auch dazu, dass in vielen Horoskopen Merkur die gleiche Tierkreiszeichenposition einnimmt wie die Sonne.

☿ Das astrologische Symbol besteht aus einer Schale, einem Kreis und dem Kreuz. Die Schale symbolisiert seelische Empfänglichkeit. Der Kreis steht für die Dimension des Geistes, das Kreuz für Materie. Das Symbol in seiner Gesamtheit signalisiert, dass Seele und Geist über der Materie stehen und sie dominieren.
Auf den folgenden Seiten finden sich die wichtigsten Eigenschaften der Merkurposition von Widdergeborenen. Bei der konkreten Anwendung ist auch hier zu berücksichtigen, dass die Konstellation durch Verbindungen mit verschiedenen weiteren Gestirnen immer eine andere Färbung bekommen und im Einzelfall auch einmal stark von den genannten Deutungen abweichen kann.
Die exakte Merkurposition lässt sich wieder über die Homepage des Autors herunterladen (www.bauer-astro.de).

Der Widder und seine Merkurzeichen

Merkur im Zeichen Widder – Schnelles Denken

Merkurstärken Schnelle Auffassungsgabe, flinkes Denken, rasch auf den Punkt kommen
Merkurschwächen Flüchtig, unkonzentriert, oberflächlich, rechthaberisch

Die Botschaft Merkurs lautet: »Du denkst blitzschnell, besitzt eine rasche Auffassungsgabe und hast keine Hemmungen, deine Gedanken laut kundzutun. Genauso schnell und direkt ist auch deine Art, auf andere zuzugehen. In deinem Kopf laufen zuweilen regelrechte Filme ab: Da wird diskutiert, gestritten, abgewogen, verglichen und, und, und. Dein Denken ist natürlich auch logisch und an deinen Erfahrungen orientiert.
Aber ich, dein Merkur, verleihe dir ebenso die Gabe der Inspiration, so dass Ideen und Gedankenblitze dir manchmal einfach ›zufallen‹, als kämen sie aus der Luft oder dem Nichts, als fielen sie vom Himmel. Diese Art zu denken macht dich erfinderisch, manchmal sogar schlichtweg genial. Dennoch bedürfen deine Ideen und Gedanken einer Überprüfung. Dazu brauchst du Menschen mit anderen Merkurpositionen. Du bist nämlich erst dann richtig gut und erfolgreich, wenn andere deine Ideen in die Tat umsetzen.«

Merkur-Check
Ist man mit diesem Merkur kontaktfähig? Man hat kaum Probleme, auf andere zuzugehen.
Was bringt einen »den Göttern« näher? Sich verausgaben, ekstatisch lieben, andere überzeugen.

Merkur im Zeichen Stier – Sachliches Denken

Merkurstärken Konzentriertes und konkretes Denken
Merkurschwächen Stur sein, starr denken

Die Botschaft Merkurs lautet: »Dein Denken ist sachlich, genau und praktisch. Du beziehst dich in deinen Überlegungen auf eigene Erfahrungen oder solche, die von zuverlässigen Leuten stammen. Das verleiht dir Sicherheit und Glaubwürdigkeit; es unterlaufen dir kaum Fehler. Was du sagst, hat Hand und Fuß. Das darf dich allerdings nicht dazu verleiten, deine eigene Art zu denken als die einzig richtige zu betrachten und andere zu kritisieren oder gar zu demoralisieren. Deine Meinung ist nur eine von mehreren. Es ist deine Stärke, andere, die weniger sachlich und empirisch fundiert argumentieren, zu ergänzen. Lass dich im Gegenzug aber auch von deinen Mitmenschen inspirieren!
Auf andere zuzugehen fällt dir nicht leicht. Du wartest lieber ab, bis man auf dich zukommt, reagierst jedoch abweisend, wenn jemand zu forsch auftritt. Hier solltest du offener werden. Nicht jeder, der dich direkt angeht, will dich bedrängen; er ist vielleicht nur spontaner als du.
Dein Denken dreht sich häufig um Schönheit, Genuss, Essen, Trinken, Geld und Besitz. Das hilft dir, deine Wünsche real umzusetzen. Mit mir, dem Merkur im Zeichen Stier, solltest du keine Probleme haben, genug Geld zu verdienen.
Gegen Sturheit und Engstirnigkeit musst du allerdings zu Felde ziehen, und zwar bei dir selbst. Um dies zu üben, könntest du dir zum Beispiel von Fall zu Fall einmal vornehmen, anderer Leute Meinung voll und widerspruchslos zu akzeptieren.«

Merkur-Check

Ist man mit diesem Merkur kontaktfähig? Man wartet lieber, bis jemand auf einen zugeht.
Was bringt einen »den Göttern« näher? Wunschlos glücklich, sinnlich befriedigt und reich zu sein.

Merkur im Zeichen Fische – Intuitives Denken

Merkurstärken Tiefgründiges, emotional-instinktives Denken
Merkurschwächen Unkonzentriert, unsachlich, subjektiv, launenhaft

Die Botschaft Merkurs lautet: »Deine Gefühle mischen sich oft in deinen Verstand ein und färben ihn subjektiv: Du denkst manchmal ›mit dem Bauch‹. Zu welchen Schlüssen du kommst oder welche Ideen du hast, hängt stark davon ab, wie es dir gerade geht, was du erlebst oder wie du dich fühlst. Auf der anderen Seite erreicht dein Denken auf diese Art Tiefe und Komplexität.
Mit mir, deinem Merkur im Zeichen Fische, besitzt du eine Art Instinkt, ein Wissen, das weit über normales Erfassen und Verarbeiten von Eindrücken hinausreicht: Ahnungen und Erinnerungen aus deinem Unterbewusstsein, manchmal auch wie aus einer anderen Welt oder gar aus einem früheren Leben. Dein Problem ist dann, nicht zu wissen, was du glauben sollst. Da ist einerseits die reale Welt, die sich auf Logik oder Erfahrungen beruft – und dort bist du mit deinen besonderen Quellen, aus denen du schöpfst. Wichtig ist, dass du beide Seiten anerkennst. Mit mir bist du ein Grenzgänger, vielleicht zwischen den Welten. Auf andere zuzugehen fällt dir nicht leicht. Du gehst davon aus, jeder sei ebenso empfindsam wie du und wolle nicht ›gestört‹ werden. Das ist natürlich ein Irrtum. Andere warten vielleicht gerade darauf, angesprochen und unterhalten zu werden. Du solltest dich daher öfter dazu ermutigen, selbstbewusster und selbstsicherer aufzutreten.«

Merkur-Check

Ist man mit diesem Merkur kontaktfähig? Nein, eher scheu und schüchtern, und man traut sich nicht, auf andere zuzugehen.
Was bringt einen »den Göttern« näher? Meditation, Stille, für sich sein.

Venus – Die Liebe

Die Bedeutung der Venus

Kurz nach Sonnenuntergang – der Westen badet sich noch in goldenem Rot, im Osten kündet stahlblauer Himmel die Nacht an – kann man sie sehen, die Venus. Sie ist so hell, dass man sie manchmal mit den Lichtern eines Flugzeugs verwechselt. Und in Gegenden, die nicht künstlich erleuchtet sind, überkommt den Betrachter bei ihrem Anblick das Gefühl einer außerirdischen Begegnung. Der Tag geht zur Ruhe, Venus läutet den Feierabend ein, jene Zeit, die weder der Arbeit noch dem Schlaf gehört, sondern der Muße – und der Liebe.

Aber Venus verzaubert nicht nur den Abend, sondern auch den Morgen. Denn die Hälfte des Jahres läuft sie, wie wir es von der Erde aus sehen, der Sonne nach, und sie steht dann als Venus des Abends nach Sonnenuntergang noch einige Zeit am Abendhimmel. Die andere Hälfte jedoch läuft sie der Sonne voraus und steigt als Venus des Morgens vor der Sonne über den östlichen Horizont als strahlende Botin des neuen Tages.

Venus oder ihr griechisches Pendant Aphrodite trug den Beinamen »Schaumgeborene« (griechisch *aphrós* = »Schaum«). Einem Mythos zufolge hat Kronos (Saturn[us]), der Vater des Zeus, seinen Vater Uranos mit der Sichel entmannt und das Zeugungsglied bei Zypern ins Meer geworfen. Aus dem Schaum, der sich dabei bildete, ist die Göttin der Schönheit entstanden.

Sie galt als die fruchtbare Patronin des blühenden Frühlings und der überströmenden Frühlingslust. Sie war die Beschützerin der Gärten, Blumen und Lusthaine. Ihre Lieblingsgewächse waren Myrten, Rosen und Lilien, ihre Frucht der Apfel, ihre bevorzugten Tiere Widder, Böcke, Hasen, Tauben und die bunten Schmetterlinge. Vor allem aber war Venus/Aphrodite eine Frau, deren unvergleichliche Schönheit die Männer betörte. Man fand schier kein Ende, all ihre Reize aufzuzählen: göttlicher Wuchs, strahlende Augen, verlockender Blick, rosenknospiger Mund, zierliche Ohren, reizender Busen und dergleichen mehr.

Im Vergleich zu ihr sah ihr hässlicher, hinkender Ehemann Hephaistos, der Gott des Erdfeuers und Schutzgott der Schmiede, ziemlich alt aus, wie man heute sagen würde. Jeder fragte sich, wie diese Schönheit einem so grobschlächtigen Mann zugetan sein konnte, auch Venus selbst: Sie nutzte denn auch jede Gelegenheit zu einem Seitensprung. Der bekannteste und folgenreichste war wohl jener mit Mars, dem Amor entstammte, der spitzbübische Junge mit den heimtückischen Liebespfeilen.

Die schöne Venus bekam ein würdiges Denkmal am Himmel: Das hellste Gestirn wurde nach ihr benannt. Je nach Position kündet Venus als »Abendstern« den Feierabend, vor Sonnenaufgang die nahende Morgenröte an.

»Venus« ist ein anderes Wort für »Liebe, Lust, Zärtlichkeit, Leidenschaft, Zweisamkeit, Anziehung, Nähe, Knistern, Flirten, Sehnsucht, Verschmelzung, Sinnlichkeit« und so fort. Aber jede Venusposition in den Tierkreiszeichen gibt all diesen Facetten der Liebe eine andere Färbung, ein bestimmtes Gewicht, einen spezifischen Glanz.

♀ Das astrologische Symbol besteht aus einem Kreuz und einem Kreis. Letzterer symbolisiert den Geist. Das Kreuz wiederum ist ein Sinnbild für die Materie: Der Kreis steht über dem Kreuz, er lenkt die Materie, führt sie zur Vollendung in der Liebe.

Auf den folgenden Seiten finden sich die bedeutendsten Eigenschaften der Venusposition von Widdergeborenen. Bei einer konkreten Anwendung ist wieder zu berücksichtigen, dass die Konstellation durch Verbindungen mit verschiedenen weiteren Gestirnen unter Umständen eine andere Färbung bekommt und im Einzelfall möglicherweise stark von den hier genannten Deutungen abweicht.

Auch die exakte Venusposition kann über die Homepage des Autors heruntergeladen werden (www.bauer-astro.de).

Der Widder und seine Venuszeichen

Venus im Zeichen Widder – Stürmische Liebe

Venusstärken Spontan, direkt, feurig, leidenschaftlich, begeisterungsfähig, kunstliebend
Venusschwächen Egoistisch, überfordernd, zu einer übereilten Bindung führend, übertrieben, verschwenderisch

Die Botschaft der Venus lautet: »Besonders feinfühlig bist du nicht. Du sagst ohne Verschnörkelung, was du denkst. Dafür hast du auch nichts gegen einen klärenden Krach. Hinterher ist die Luft wieder reiner. Und was zu Bruch geht, war ohnehin nur eine Scheinidylle. Das klingt nach einem einfachen, kindlichen Gefühlsleben. Mag sein. Aber dafür bleibst du jung, erfrischend, charmant und immer für eine Überraschung gut – also ein probates Gegengift bei Langeweile. Und du bist nicht nachtragend. Du kommst leicht in Fahrt, spuckst auch mal Feuer und Galle, aber die Versöhnung ist auch nicht weit – und dann besonders süß.«

Venus-Check
Kann man mit dieser Venus gut allein sein? Eher nicht, aber man kommt schon zurecht.
Braucht man mit dieser Venus Sicherheit? Nicht so sehr, eher Lust, Unterhaltung und Vergnügen.
Besteht diese Venus auf Treue? Nicht ausgesprochen.
Macht diese Venus eifersüchtig? Ja, sogar extrem. Konkurrenten sind unausstehlich.
Findet man leicht einen Partner? Jederzeit. Man braucht nur loszuziehen.

Venus im Zeichen Stier – Praktische Liebe

Venusstärken Erotisch, gemütlich, natürlich, sympathisch, gesellig, unterhaltend, liebesfähig, treu

Venusschwächen Stur, bequem, äußerlich

Die Botschaft der Venus lautet: »Du bist ein ›Wonneproppen‹ und liebst das Leben mit all seinen Verführungen, seiner Schönheit und den unendlichen Sinnenfreuden. Niemals bekommst du genug davon. Und natürlich bist du beliebt: Weil du pragmatisch handelst und den bekannten Sinnspruch, dass Liebe durch den Magen geht, aufs köstlichste unter Beweis stellst. Weil du Geschmack hast und selbst ein Kellerloch in ein gemütliches Kuschelnest zu verzaubern vermagst. Weil du hingabefähig und treu bist und dennoch auf eigenen Beinen stehst. Allerdings braucht deine Liebe Zeit. Du bist kein ›Feuer-und-Flamme-Typ‹. Wahnsinnig stur kannst du auch sein: Was du dir einmal in den Kopf gesetzt hast, ziehst du durch. Aber du bist auch bequem und reagierst oft viel zu spät, wenn der Partnersegen einmal schief hängt.«

Venus-Check

Kann man mit dieser Venus gut allein sein? Nein, man teilt seine Sinnlichkeit lieber mit jemandem.

Braucht man mit dieser Venus Sicherheit? Ja, extrem. Da muss man sogar loslassen lernen.

Besteht diese Venus auf Treue? Keine Frage: Der Partner wird mit niemandem geteilt.

Macht diese Venus eifersüchtig? Ja, und es drohen martialische Eifersuchtsszenen.

Findet man leicht einen Partner? Sicher. Man ist begehrt und hat daher diesbezüglich kaum Probleme.

Venus im Zeichen Zwillinge – Verspielte Liebe

Venusstärken Vielseitig, verspielt, liebenswürdig, starke Leidenschaft, die jedoch beherrscht werden kann, Liebe zur Poesie
Venusschwächen Unruhig, gespalten, unsicher

Die Botschaft der Venus lautet: »Du bist kindlich, verspielt, unschuldig, naiv, göttlich, raffiniert, charmant, unterhaltend. Mit anderen Worten: Du bist eine einzige Überraschung. Liebe mit dir ist ein Flug auf Wolke sieben, ein Traum: so schön wie im wundervollsten Film. Deine Hände können zaubern, deine Stimme ist wie ein warmer, zärtlicher Wind, deine Worte schmeicheln und entführen in die Welt aus Tausendundeiner Nacht.
Die Liebe ist bestimmt der schönste ›Zeitvertreib‹, den es gibt. Aber du bist nicht abhängig von ihr – und schon gar nicht von einem anderen Menschen. Freiheit und Unabhängigkeit sind dir nämlich beinah noch wichtiger: Du hast deinen Mann (bzw. deine Frau) im Inneren; du musst daher mit niemandem zusammenleben und alles teilen. Ganz solo? Schon möglich! Aber hundertprozentig sicher geht es nicht ohne Menschen. Andere entspannen sich vielleicht in den Bergen, in der Badewanne oder im Schlaf. Du hingegen brauchst dein ›Social Life‹: Kontakte, Freunde, Begegnungen, Smalltalk. Was dich lebendig hält, ist die Hoffnung und die Chance, dass jeden Augenblick etwas Neues, Unvorhergesehenes passieren kann, vor allem in puncto Liebe.«

Venus-Check

Kann man mit dieser Venus gut allein sein? Man kann es, das kommt aber selten vor.
Braucht man mit dieser Venus Sicherheit? Eher nicht. Man kommt immer irgendwie zurecht.
Besteht diese Venus auf Treue? Nein, zumindest nicht absolut.
Macht diese Venus eifersüchtig? Ja, leider, trotz aller Freiheitssuche.
Findet man leicht einen Partner? Mit dieser Venus? Nichts ist leichter als das!

Venus im Zeichen Wassermann – Utopische Liebe

Venusstärken Frei, originell, fair, aufgeschlossen, unabhängig, kameradschaftlich

Venusschwächen Unpersönlich, distanziert, fremd, bindungsunfähig

Die Botschaft der Venus lautet: »Du bist wie jener Vogel, der freiwillig im Käfig bleibt und wunderschön zwitschert, solange die Tür sperrangelweit offen steht. Macht es ›Schnapp!‹, die Tür ist zu, beginnt der Vogel zu kreischen und zu toben. Nichts zu machen! Deine Liebe ist klaustrophobisch. Manchmal flippst du schon aus, wenn jemand die Fenster schließt oder beim Schlafen den Arm um dich legt. Das hat überhaupt nichts mit mangelnder Liebe zu tun: Deine Liebesfähigkeit ist über jeden Zweifel erhaben. Aber du brauchst ›Luft‹, Spielraum, Freiheit. Eifersucht, Besitzanspruch, Zweisamkeit: Derartige Wörter haben in einer Beziehung nichts zu suchen. In Wirklichkeit klaffen Theorie und Praxis dann doch auseinander. Das ist aber kein Problem. Du darfst ruhig widersprüchlich sein, daran wächst du.«

Venus-Check

Kann man mit dieser Venus gut allein sein? Man kann, aber es passiert ziemlich selten.

Braucht man mit dieser Venus Sicherheit? Nein, die gibt es ohnehin nicht.

Besteht diese Venus auf Treue? Gefordert werden Fairness und Loyalität, die sind wichtiger als Treue.

Macht diese Venus eifersüchtig? »Nein!«, sagt man, fühlt aber ein »Ja«.

Findet man leicht einen Partner? Dabei gibt es keinerlei Probleme.

Venus im Zeichen Fische – Mystische Liebe

Venusstärken Hingebungsvoll, tief, selbstlos, mystisch, sinnlich, verschmelzend

Venusschwächen Unklar, häufig wechselnde Beziehungen

Die Botschaft der Venus lautet: »Für dich existieren kaum Grenzen und keine Distanz. Genau genommen wächst deine Liebe sogar proportional zur Entfernung. In Liebessachen bist du ein Träumer und ziehst schmachtende Sehnsucht plattem ›Zweier-Einerlei‹ vor. Du fürchtest den Alltag, weil er dich aus deinen Träumen reißt. Da du die Liebe mystifizierst, gestattest du dir keine Grenzen. Wird dir alles zu viel, flüchtest du in deinen unsichtbaren Elfenbeinturm und spielst ›Mich versteht sowieso keiner‹. Lerne, dich klar abzugrenzen! Niemand liebt so selbstlos, so phantasievoll, zärtlich und innig. Du hast ein Recht auf schöpferische Pausen!«

Venus-Check

Kann man mit dieser Venus gut allein sein? O ja, im Grunde ist man immer allein.

Braucht man mit dieser Venus Sicherheit? Nein, an die glaubt man sowieso nicht.

Besteht diese Venus auf Treue? Nein, man kann auf gar nichts pochen!

Macht diese Venus eifersüchtig? Nicht wirklich, es schmerzt höchstens.

Findet man leicht einen Partner? Sicher, aber oft ist es der falsche.

Mars – Potent, sexy und dynamisch

Die Bedeutung des Mars

Rötlich funkelnd wie Feuer oder Blut, so präsentiert sich nur ein Gestirn am nächtlichen Himmel: der Planet Mars. Abhängig von seiner Nähe zur Erde verändert sich obendrein die Intensität. Menschen früherer Zeiten erschauerten daher, wenn sein Rot zunahm. Sie sprachen von einem zornigen Auge am Himmel und betrachteten es als böses Omen.

In klassischer Zeit galt Mars als Herr und Beschützer der Kriege. Hinter Mars stecken allerdings nicht nur bedrohliche Eigenschaften: So schickt er zum Beispiel zündende Ideen, verleiht Startkraft und schenkt Courage. Mars sorgt für den richtigen Biss, um sich behaupten und Rivalen aus dem Weg schlagen zu können. Er verleiht die für das Konkurrenzgerangel unerlässlichen »spitzen Ellenbogen« und programmiert auf Sieg. Er verkörpert das Urmännliche, den heldenhaften, schönen Jüngling genauso wie einen sexbesessenen Macho. Mars steht auch einfach für Libido und Potenz. In ganz besonderer Weise verrät die Marsposition die Art und Weise des Eroberungsspiels: Ob man direkt auf jemanden zugeht, abwartet oder gar zum Rückzug bläst, es ist Mars, der die Fäden in der Hand hält.

Mars ist ein absolut männlicher Planet, vielleicht der männlichste überhaupt. Frauen besitzen zwar genau wie Männer ihren Mars, aber eher als Potenzial, als Anlagebild, und neigen dazu, ihn nicht selbst auszuleben, sondern ihn zu projizieren. Sie suchen sich Männer, die ihrem Mars entsprechen. Über diesen Umweg hat er dann doch Anteil an ihrem Leben. Frauen, die Berufe ergreifen, welche früher eher als typisch männlich galten (im Management beispielsweise), leben ihren Mars weitgehend selbst. Er ist der regierende Planet des Widders und weist daher viele Wesenszüge dieses Tierkreiszeichens auf.

♂ Das astrologische Symbol besteht aus einem Kreis und einem Pfeil. Ersterer symbolisiert den Geist, Letzterer die Bewegung. Das Symbol in seiner Gesamtheit steht für einen bewegten und bewegenden Geist.
Auf den folgenden Seiten finden sich die zentralen Eigenschaften der Marsposition in einem Horoskop. Bei einer individuellen Anwendung ist ein weiteres Mal zu berücksichtigen, dass die Konstellation durch Verbindungen mit verschiedenen Gestirnen immer eine andere Nuance bekommen und im Einzelfall auch einmal stark von den hier genannten Interpretationen abweichen kann.
Ihre exakte Marsposition können Sie wieder über die Homepage des Autors herunterladen (www.bauer-astro.de).

Der Widder und seine Marszeichen

Mars im Zeichen Widder – Impulsiv

Marsstärken Energisch, kühn, mutig, stolz
Marsschwächen Streitsüchtig, egoistisch

Die Botschaft des Mars lautet: »Du verfügst über doppeltes Feuer, bist kämpferisch, mutig und furchtlos. Du machst fast vor nichts halt, bist ein Draufgänger, ein Held und Abenteurer, jemand, der nicht lange fackelt. Du willst nach deiner Fasson leben und sorgst dafür, dass dein Wille geschieht. Allerdings kann es sein, dass du mich (noch) nicht hast zu Wort kommen lassen, dass du dich und andere vor mir schützt, mich vielleicht unterdrückst oder verleugnest. Du hältst dich vielmehr für eine friedliche oder gehemmte Person.
Möglicherweise verspürst du gelegentlich ein inneres Rumoren, es packt dich ein Beben, das in einen völlig unerwarteten Wutausbruch mündet. Wahrscheinlich steigt dir diese eingesperrte Power in den Kopf und macht sich dort schmerzhaft bemerkbar. Sei, wie du bist. Gib nach, verschaff dieser Kraft rechtzeitig Raum – und dir Luft!

Was hilft, ist eine Tätigkeit, die dir möglichst viel Freiheit lässt. Erleichterung findest du auch über sämtliche aktiven Sportarten. Am wichtigsten aber ist, dass du mit der Zeit mehr und mehr zu mir und damit zu dir stehst, dir mehr zutraust, öfter mal über die Stränge schlägst und dich nicht dafür tadelst, wenn dein »marsischer« Anteil über dich kommt.«

Mars-Check

Wie gut setzt man sich mit diesem Mars durch? Die Voraussetzungen sind exzellent.
Wie aggressiv macht dieser Mars? Sehr, sofern man sich nicht auslebt.
Wie viel Sexpower bekommt man mit ihm? Jede Menge, vorausgesetzt, man unterdrückt sich nicht selbst.

Mars im Zeichen Stier – Beharrlich

Marsstärken Ausdauernd, zäh, sinnlich
Marsschwächen Jähzornig, gierig, stur

Die Botschaft des Mars lautet: »Die Kombination meines Feuers mit der Erde des Stiers verleiht dir die Stärke eines mittleren Erdbebens. Was du anpackst, ziehst du auch durch, denn du hast nicht nur Kraft, sondern bist auch zäh und ausdauernd. Dein Feuer brennt nicht lichterloh, um dann rasch in sich zusammenzufallen. Es gleicht einer beständigen Glut. Darüber hinaus bringt die Begegnung mit mir und dem Stier eine betont sinnliche Komponente in dein Dasein. Als dritte Haupteigenschaft verfügst du über einen enormen Erwerbstrieb: Dein Lebtag arbeitest du für Sicherheit, Geld, ein Haus, Luxus oder was auch immer. Du bist dazu geboren, das Fleckchen Erde, auf dem du lebst, in ein blühendes Paradies zu verwandeln.
Möglicherweise führe ich bei dir aber ein Schattendasein, und du kennst mich noch gar nicht richtig. Vielleicht schätzt du dein Leben überhaupt nicht als übermäßig sinnlich ein oder bezeichnest dich

sogar als arm. Aber das heißt nur, dass du mich noch nicht gefunden hast. Doch ich bin da. Meine kolossale Kraft, meine Sinnlichkeit und der Zug zum Reichtum schlummern in dir.
Was dir hilft, mich zu aktivieren, sind körperliche Bewegung und Kontakt mit der Natur. Am wichtigsten aber ist, dass du an mich glaubst und in deinem Denken und Handeln Raum für mich schaffst.«

Mars-Check
Wie gut setzt man sich mit diesem Mars durch? Stark wird man bei Angriffen.
Wie aggressiv macht dieser Mars? Sehr, wenn man gereizt wird.
Wie viel Sexpower bekommt man mit ihm? Darüber muss kein Wort verloren werden. Oder höchstens eines: viel!

Mars im Zeichen Zwillinge – Verspielt

Marsstärken Gewandt, neugierig, vielseitig
Marsschwächen Unkonzentriert, zerstreut

Die Botschaft des Mars lautet: »Ich helfe dir dabei, ein unternehmerischer, vielseitig interessierter und talentierter Mensch zu sein. Mein Feuer in Verbindung mit der Luft des Zwillingezeichens macht dich mutig und unerschrocken. Die beiden Elemente ergeben eine sehr günstige Mischung: Feuer braucht Luft. Im übertragenen Sinne bedeutet Luft Kommunikation. Daraus folgt, dass du vitaler, lebendiger und feuriger wirst, sobald du unter Menschen bist. Hingegen dämpft Alleinsein dein Temperament. Oder die Gedanken beginnen zu rotieren, und du kannst deinen Kopf nicht mehr abschalten.
Deine ohnehin vorhandene Neugier wird durch mich noch beflügelt. Dein Interesse an allem lässt sich jedoch nur im Kontakt mit deiner Außenwelt ausreichend befriedigen. Allerdings kann es auch sein, dass du mich noch gar nicht richtig entdeckt hast und mich daher nicht ausleben kannst. Dein eigenes Leben kommt dir

vielleicht überhaupt nicht übermäßig interessant und abwechslungsreich, sondern eher ziemlich öde vor. Dann ist es höchste Zeit, mich ans Licht zu holen. Du spürst womöglich schon, wie ich in deinem Innern rumore.
Was dir hilft, mich zu ›wecken‹, sind Atemübungen und viel körperliche Betätigung an der frischen Luft. Am wichtigsten aber ist, dass du an mich glaubst und in deinem Denken und Handeln Raum für mich schaffst.«

Mars-Check
Wie gut setzt man sich mit diesem Mars durch? Auf den Mund gefallen ist man mit ihm auf keinen Fall.
Wie aggressiv macht dieser Mars? Man schimpft höchstens einmal kräftig.
Wie viel Sexpower bekommt man mit ihm? Sex macht Spaß. Man hat viel Lust dazu, übertreibt's aber nicht.

Mars im Zeichen Krebs – Gefühlvoll

Marsstärken Emotional, eruptiv
Marsschwächen Schwierig, gebremst, »zickig«

Die Botschaft des Mars lautet: »Wir beide haben es nicht ganz leicht miteinander. Das Wasser des Krebszeichens kann mein Feuer zum Erlöschen bringen. Dann bist du ein Mensch, der Schwierigkeiten hat, seinen Willen durchzubringen, notfalls mal die Ellenbogen einzusetzen, sich zu behaupten. Denn das sind die Eigenschaften, die ich verleihe. Zugleich aber bist du vermutlich innerlich gespannt, spürst Wut, Frustration und Ungenügen und kannst damit aber nicht richtig herausrücken. Du kannst allerdings auch diese feurigen Eigenschaften in dir transformieren. Du wirst jedoch nicht so direkt und forsch handeln, wie es diese Attribute ungebremst ermöglichen würden. Dafür besitzt du dann aber ein tiefes Gefühlsleben. Du bist so in positivster Weise ein Mensch, der tief in sich hineinschaut und seine Seele wie auch die anderer kennt.

Wenn du mich so lebst und erlebst, bist du ein rezeptiver, kreativer Mensch, einer, der durch sein Mitschwingen mit anderen und sein psychologisches Gespür am Ende genauso viel erreicht wie Menschen mit anderen Marspositionen. Allerdings kann es auch sein, dass ich bei dir noch ein Schattendasein führe. Du schätzt mich nicht und versuchst, mich durch effektiveres Verhalten zu ersetzen. Nur funktioniert das so eben nicht: Am Ende wirst du noch unsicherer sein.
Steh zu mir, deinem Mars! Lebe mich mit all meinen Widersprüchen. Befass dich mit Psychologie. Das hilft dir, dich selbst besser zu verstehen.«

Mars-Check

Wie gut setzt man sich mit diesem Mars durch? Es fällt einem schwer, sich auf direktem Weg durchzusetzen.
Wie aggressiv macht dieser Mars? Es dauert eine Weile, bis man wütend wird, dann aber richtig.
Wie viel Sexpower bekommt man mit ihm? Man ist sehr erotisch, wenn man sich sicher fühlt.

Mars im Zeichen Löwe – Imposant

Marsstärken Selbstbewusst, herzlich, stolz
Marsschwächen Selbstsüchtig, eitel

Die Botschaft des Mars lautet: »Du verfügst über doppeltes Feuer. Ich, der feurige Planet, begegne dem Löwen, einem dem Element Feuer zugehörenden Zeichen. Feuer trifft also auf Feuer, vereinigt sich, wird zur lodernden Flamme. Da Feuer ein Symbol gleichermaßen für Tatkraft wie geistige Regsamkeit ist, musst du ein dynamischer, unternehmungsfreudiger Mensch sein, dessen Wirken durchdrungen ist von geistiger Weitsicht und Größe. Deinen hohen Ansprüchen, mit denen du um die Durchsetzung deiner Ziele kämpfst, stehen eine einnehmende Herzlichkeit und eine lockere, beinah spielerische Haltung gegenüber. Man könnte mei-

nen, deine Erfolge fielen dir einfach in den Schoß. Aber du bekommst nichts ›gratis‹. Du bist dem Leben und anderen Menschen gegenüber immer hilfsbereit und großzügig, und das gibt dir das Leben zurück. Solltest du dich in diesem Bild nicht wiederfinden und dich vom Leben eher benachteiligt als beschenkt fühlen, führe ich bei dir ein Schattendasein. Du hast mich noch gar nicht richtig entdeckt und kannst mich daher nicht ausleben.
Was dir hilft, mich in Gang zu bringen, ist Bewegung, Tanz, aktiver Sport. Vor allem aber musst du direkter, spontaner und selbstbewusster werden. Du musst dich mit mir in deinem Inneren verbinden – es ist alles da, was du dazu benötigst.«

Mars-Check

Wie gut setzt man sich mit diesem Mars durch? Das bereitet überhaupt keine Probleme.
Wie aggressiv macht dieser Mars? Man lässt sich nicht leicht aus der Ruhe bringen. Ist es aber einmal so weit, dann kracht's.
Wie viel Sexpower bekommt man mit ihm? Starken Partnern schenkt man alles. Schwächlinge schläfern ein.

Mars im Zeichen Jungfrau – Bedacht

Marsstärken Geistig fit, vernünftig, aktiv, arbeitsmotiviert, fleißig
Marsschwächen Zwanghaft, überängstlich

Die Botschaft des Mars lautet: »Feuer und Erde verbinden sich, wenn ich bei der Jungfrau, einem Erdzeichen, Station mache. Feuer und Erde zusammen wecken Aktivität, Arbeitswillen, Genauigkeit und Realitätssinn. Dein Feuer gleicht einer anhaltenden Glut. Das formt dich zu einem Menschen, der gern und gut arbeitet, ausdauernd und präzise ist, strategisch vorgeht und sich nicht unüberlegt in seine Arbeit stürzt. Diese Konstellation macht dich auch vorsichtig. Das kann unter Umständen in Kleinlichkeit und Angst ausarten. Ebenso mag eine übertrieben kritische Hal-

tung sich selbst und anderen gegenüber die Folge sein. Du brauchst daher ein Ventil, etwas, was dir erlaubt, mich ohne zu viel Kontrolle und Analyse ausleben zu können, zum Beispiel beim Sport oder anderen körperlichen Aktivitäten. Auch riskante Freizeitbeschäftigungen (Paragliding, Klettern) sind für uns beide geeignet: Du passt nämlich gut auf dich auf, und meinen Ansprüchen geschieht Genüge. Das wiederum kommt, zusammen mit der Jungfrauenergie, deinem Schaffen zugute.
Du solltest auch einen Weg finden, deine Wut und deine Verletzungen besser zu zeigen. Du neigst nämlich dazu, deine Aggressionen zu unterdrücken und irgendwo zu ›bunkern‹ – bis dann das Maß voll ist und du wegen einer Kleinigkeit explodierst.«

Mars-Check
Wie gut setzt man sich mit diesem Mars durch? Das fällt leider nicht leicht.
Wie aggressiv macht dieser Mars? Es dauert eine ganze Weile, bis es zur Explosion kommt.
Wie viel Sexpower bekommt man mit ihm? Man ist weder Hengst noch Schnecke. Auf jeden Fall macht Erfolg sexy.

Mars im Zeichen Waage – Charmant

Marsstärken Lebhaft, gesellig, beliebt, ausgleichend, korrekt
Marsschwächen Ausschweifend, untreu, unmäßig

Die Botschaft des Mars lautet: »In dieser Position vereinigen sich mein Feuer und die Luft der Waage. Davon profitieren beide Elemente, und sie werden aufgewertet. Du bist daher ein leichter, ›luftiger‹ Mensch von sanguinischem Temperament und besitzt die Gabe, andere rasch für dich einzunehmen. Dein Auftreten ist charmant, einfühlsam, zuvorkommend. Ein weiteres Plus dieser Position ist ein guter Geschmack und künstlerisches Talent.
Mit mir im Zeichen Waage wirst du zu einem Streiter für Frieden

und Ausgleich. Wo immer Ungerechtigkeiten und Zwietracht herrschen, fühlst du dich aufgerufen, zu schlichten und zu versöhnen. Zuweilen breche ich aber auch bei dir in all meiner Heftigkeit durch, nämlich dann, wenn du zu lange versucht hast, mich zu kontrollieren und zu unterdrücken.
Mit mir kommt auch dein Denken schwer in Gang. Du glaubst, alle Probleme mit dem Kopf lösen zu können. Wichtig ist, dass du dir für ›deinen Mars‹ ein Ventil suchst. Man kann mich nicht zu permanenter Friedfertigkeit verdonnern. Aber wenn du mich anderweitig lebst, beim Sport, bei abenteuerlicher Freizeitgestaltung, dann gelingt es dir besser, mich für deine pazifistischen Missionen einzuspannen.«

Mars-Check

Wie gut setzt man sich mit diesem Mars durch? Als guter Taktiker beißt man sich durch.
Wie aggressiv macht dieser Mars? Der Grundtenor ist friedlich. Gelegentliche Eruptionen sind nicht ausgeschlossen.
Wie viel Sexpower bekommt man mit ihm? Sex ist da. Gesucht aber wird geistiges Verstehen.

Mars im Zeichen Skorpion – Leidenschaftlich

Marsstärken Kraftvoll, ausdauernd, hartnäckig, furchtlos, mutig
Marsschwächen Lasterhaft, rachsüchtig

Die Botschaft des Mars lautet: »Dir steht durch mich eine besondere, eine starke, vitale Kraft zur Seite. Du bist ausgesprochen zäh, wenn es um die Verwirklichung eines Zieles geht, an dem dir auch emotional liegt. Selbst Mühen und Unannehmlichkeiten, mit denen sich andere Menschen nicht belasten würden, nimmst du dann gern in Kauf. Nicht verwunderlich, dass diese Hartnäckigkeit mitunter zu außerordentlichen Leistungen führt! Dennoch bist du kein Kraftprotz, einer, der die Muskeln spielen lässt und bei jeder Gelegenheit zeigen will, was er draufhat.

Der Skorpion ist vom Element her ein Wasserzeichen. Daher ist meine Kraft nicht auf äußere Wirkung aus. Meine Power geht nach innen. Diese Position führt dazu, dass du instinktmäßig weißt, wann dein Einsatz erforderlich ist, wann etwas Bedeutsames und Wichtiges ansteht und erledigt werden muss: Dann wirst du zum ›Helden‹. Daher ist dir zu raten, entsprechende Herausforderungen zu suchen und anzunehmen. Nur dann stehe ich voll auf deiner Seite. Ohne solche Kicks wirst du eher müde und lustlos reagieren. In der Verbindung zwischen Skorpion und mir besteht eine starke Neigung zur Zerstörung. Das ist immer dann gut, wenn etwas alt, verbraucht, überholt und ein neuer Anfang angezeigt ist. Aber hüte dich vor sinnloser Destruktion!
Mit dieser Konstellation verfügst du auch über eine kolossale Sexpower. Du bist leidenschaftlich, triebstark und letztendlich beseelt von der Idee, Nachwuchs in die Welt zu setzen.«

Mars-Check

Wie gut setzt man sich mit diesem Mars durch? Man operiert mit seiner Power indirekt und drückt so seinen Willen durch.
Wie aggressiv macht dieser Mars? Der Zerstörungskraft sind kaum Grenzen gesetzt.
Wie viel Sexpower bekommt man mit ihm? Mehr als alle anderen.

Mars im Zeichen Schütze – Temperamentvoll

Marsstärken Schlagfertig, gerecht, begeisterungsfähig, klar und offen
Marsschwächen Streitbar, aggressiv, beleidigend

Die Botschaft des Mars lautet: »Hier trifft Feuer auf Feuer, denn sowohl ich als auch der Schütze sind ihrer Natur nach feurig. Eine lodernde Flamme entsteht. Und im Zeichen Schütze manifestiere ich mich mit besonderer Intensität. Da Feuer ein Symbol gleichermaßen für Tatkraft wie geistige Regsamkeit ist, wirst du ein dynamischer, unternehmungsfreudiger Mensch, dessen Wirken durch-

drungen ist von geistiger Weitsicht und Größe. Dein Handeln und Wirken wird stark von Idealen geleitet: von Gerechtigkeit, Ritterlichkeit und Fairness. Du bist leicht zu begeistern und, einmal in Schwung, kaum zu bremsen. Was du brauchst, ist ein Ziel, eine Hoffnung, eine Perspektive, sonst erlischt dein Feuer.
Allerdings kann es auch sein, dass dein Mars noch ein Schattendasein führt, dass du mich noch gar nicht richtig entdeckt hast. Vielleicht meinst du, keineswegs feurig oder übermäßig aktiv zu sein, sondern erlebst dich eher als passiven Zeitgenossen. Dies hieße dann, dass du einen Teil deines Selbst negierst – und dich auf die Suche nach mir, deinem Mars, begeben solltest.
Was dir hilft, mich zu initiieren, sind Bewegung, Tanz, aktiver Sport und Reisen. Vor allem aber solltest du direkter, spontaner und selbstbewusster werden. Du musst dich mit mir in deinem Inneren verbinden. Es ist alles vorhanden, was du brauchst.«

Mars-Check

Wie gut setzt man sich mit diesem Mars durch? Das klappt gut, solange Fairness herrscht.
Wie aggressiv macht dieser Mars? Zu streiten lohnt sich nur für eine gute Sache. *Wie viel Sexpower bekommt man mit ihm?* Mit Sex ist man dem Himmel nah.

Mars im Zeichen Steinbock – Hartnäckig

Marsstärken Verantwortungsvoll, geduldig, zäh, mutig, tatkräftig
Marsschwächen Eigenwillig, missmutig

Die Botschaft des Mars lautet: »Das ist eine Verbindung von Feuer und Erde, da der Steinbock zu den Erdzeichen zählt. Feuer und Erde zusammen wecken Arbeitswillen, Genauigkeit und Realitätssinn. Dein Feuer brennt nicht lichterloh (um sich dann rasch zu verzehren), sondern langanhaltend wie eine wohlgeschürte Glut. Das macht dich zu einem Menschen, der gern und gut arbei-

tet, ausdauernd und präzise ist, strategisch vorgeht und sich nicht unüberlegt in seine Arbeit stürzt. Du bist auch extrem widerstandsfähig. Man kann dich mit einem Diamantbohrer vergleichen, der sich in eine Sache unaufhaltsam hineinfrisst. Und du bist erfolgreich. Du verfügst über die entsprechende Motivation und ein Gespür für Machtverhältnisse.
Diese Konstellation bedeutet aber auch, dass ein Wandel vonstattengehen muss. Aus einer impulsiven, feurigen, leicht erregbaren, leidenschaftlichen Energie wird eine kontrollier- und regelbare Kraft, die sich einer höheren Absicht fügt und dem Allgemeinwohl dient. Du darfst allerdings die ursprüngliche Qualität von mir, deinem Mars, nicht vollständig verlieren. Das würde zu Aggressionsstau und unter Umständen sogar zu gesundheitlichen Problemen führen.
Es ist also wichtig, dass du dir für die transformierten Eigenschaften ein Ventil suchst. Wenn du sie anderweitig lebst, beim Sport oder bei abenteuerlicher Freizeitgestaltung, dann gelingt es dir besser, mich für deine höheren Zwecke einzuspannen.«

Mars-Check

Wie gut setzt man sich mit diesem Mars durch? Harte Arbeit führt zum Ziel.
Wie aggressiv macht dieser Mars? Eigentlich ist man friedlich, lässt sich aber ungern provozieren.
Wie viel Sexpower bekommt man mit ihm? Wenn die Verhältnisse stimmen, kommt es zu Gipfelerlebnissen!

Mars im Zeichen Wassermann – Einfallsreich

Marsstärken Aufgeweckt, innovativ, selbständig, schöpferisch
Marsschwächen Prahlerisch, eingebildet

Die Botschaft des Mars lautet: »Es vereinigen sich Feuer (Mars) und Luft (Wassermann). Diese Kombination kommt beiden Elementen zugute und wertet sie auf. Du bist daher ein leichter,

»luftiger« Mensch, der über die Gabe verfügt, andere für sich einzunehmen. Dein Auftreten ist charmant, einfühlsam und zuvorkommend. Alltag, graues Einerlei, tägliche Routine sind dir ein Greuel. Du möchtest Neues erschaffen, eingefahrene Gleise verlassen, originell und schöpferisch sein. Freiheit ist für dich überaus wichtig. Du arbeitest besser, wenn dich nicht ständig jemand gängelt. Du bist der geborene ›Freelancer‹. Dein ausgeprägtes Improvisationstalent ermöglicht dir, originelle und unkonventionelle Lösungen zu finden, wenn du nicht durch Vorgaben eingeschränkt wirst. Auch in Beziehungen wird es schnell zu eng. Eine Ehe bereitet dir ebenfalls Probleme; du fühlst dich unfrei, wie ›eingesperrt‹.
Vielleicht aber entspricht diese Charakterisierung nicht deinem Selbstbild: Weder schätzt du dich als unabhängig oder freiheitsliebend noch als übermäßig schöpferisch ein. Dann ist zu vermuten, dass dein Mars noch auf seine Entdeckung wartet. Mach dich auf die Suche!
Was dir hilft, mich zu aktivieren, ist Bewegung, vor allem Tanz. Noch wichtiger aber wird es sein, unkonventioneller und spontaner zu werden. Du musst dich mit mir in deinem Inneren verbinden. Es ist alles da, was du dazu benötigst.«

Mars-Check

Wie gut setzt man sich mit diesem Mars durch? Genialität ist vorhanden, aber nicht unbedingt Durchsetzungskraft.
Wie aggressiv macht dieser Mars? Ein solches Verhalten ist undenkbar.
Wie viel Sexpower bekommt man mit ihm? Sex ist schön, aber längst nicht alles.

Mars im Zeichen Fische – Abwartend

Marsstärken Empfänglich, intuitiv, einfühlsam, kreativ

Marsschwächen Willensschwach, beeinflussbar, leicht zu täuschen

Die Botschaft des Mars lautet: »Mein Feuer und das Wasser der Fische treffen aufeinander. Das kann dazu führen, dass das Feuer zunächst einmal erlischt. Dann bist du ein Mensch, der Schwierigkeiten hat, seinen Willen durchzusetzen, die ›Ellenbogen‹ zu benutzen, sich zu behaupten – denn all dies sind Eigenschaften, die ich, der Planet Mars, verleihe. Gleichzeitig fühlst du dich jedoch innerlich gespannt, spürst Wut, Frustration und Ungenügen, aber du kannst damit nicht richtig herausrücken.
Es gibt allerdings auch die Möglichkeit, diese Qualitäten durch die Fischequalitäten zu transformieren. Du wirst dann zwar noch lange nicht so direkt und forsch handeln können, wie es die ungebremsten Eigenschaften ermöglichen würden. Dafür gewinnst du eine andere Fähigkeit, nämlich ein kolossales Gespür. Das Fischezeichen ist seinem Wesen nach transparent, es besitzt keine klaren Grenzen, versetzt daher in die Lage, sich universell zu vernetzen. Du hast also eine Art sechsten Sinn, spürst andere Menschen, die sich nicht einmal in der Nähe aufhalten.«

Mars-Check

Wie gut setzt man sich mit diesem Mars durch? Das macht Probleme. Es gelingt nur dann wirklich, wenn man von der Sache hundertprozentig überzeugt ist.

Wie aggressiv macht dieser Mars? Es dauert ewig, bis man aus der Haut fährt.
Wie viel Sexpower bekommt man mit ihm? Sex ist wunderbar, aber er ist nicht alles.

Jupiter – Innerlich und äußerlich reich

Die Bedeutung Jupiters

Nachts, wenn Venus nicht mehr (oder noch nicht) am Himmel leuchtet, ist Jupiter eins der hellsten Gestirne überhaupt. Kein Wunder daher, dass er unseren Vorfahren, die der Nacht in viel umfassenderem Maße ausgeliefert waren als wir heute in unserer künstlich erhellten Zeit, ein Symbol für Hoffnung, Trost, Stimmigkeit und Gerechtigkeit war. Oft verband man ihn mit der obersten Gottheit.

So auch in der griechischen Mythologie, auf die sich die Symbolik der Astrologie entscheidend bezieht. Jupiter heißt bei den Griechen »Zeus«, und über ihn gibt es unzählige Mythen. So war er es, der gegen seinen grausamen Vater Saturn(us) bzw. Kronos, den obersten der Titanen, antrat und ihn besiegte. Saturn hatte nämlich außer Zeus alle seine Nachkommen aufgefressen, weil ihm geweissagt worden war, dass ihn eines seiner Kinder vom Throne stoßen würde. Rheia, Zeus' Mutter, versteckte ihren Sohn vor dem Vater, und die Prophezeiung erfüllte sich: Zeus entthronte ihn und warf ihn in den Tartaros.

Andere Geschichten über Jupiter/Zeus erzählen eher Delikates. So gelüstete es den obersten Gott immer wieder nach weltlichen Frauen, die er durch List dazu brachte, mit ihm zu schlafen und Kinder von ihm zu empfangen. Bei Leda zum Beispiel verwandelte er sich in einen Schwan und zeugte mit ihr Pollux. Auch Herakles und Dionysos entstammten seinem gemeinsamen Lager mit sterblichen Frauen. Gezeugt durch den unsterblichen Jupiter, erlangten seine Kinder ebenfalls das ewige Leben.

Die Position Jupiters im Horoskop verweist daher einerseits auf tiefe Einsichten: Jupiter sorgt dafür, dass einem »ein Licht aufgeht«, man letzten Endes weise wird. Auf der anderen Seite verkörpert er eine Gestalt, der eine unendlich große Liebe zukommt. Sinnbildlich gesprochen, sehnt sich der Mensch danach, sich mit dem göttlichen Jupiter zu vereinigen, um Kinder (symbolisch für Ideen und Taten) zu gebären, die unsterblich sind.

Des Weiteren symbolisiert Jupiter den große Helfer, Heiler und Versöhner. Dort, wo er im Horoskop steht, findet der Mensch Kräfte, sich und andere zu trösten und zu stärken. Am bekanntesten ist Jupiter in der Astrologie aber deswegen, weil er das Glück verheißt.

♃ Das astrologische Symbol Jupiters besteht aus einem Halbkreis (er repräsentiert seelische Empfänglichkeit) und einem Kreuz, das wieder die Materie symbolisiert. Der Halbkreis neben dem Kreuz bedeutet: Das Seelische und die Materie gelten als gleichwertig, keines überragt das andere.
Wie zuvor bei Aszendent, Mond, Venus und Mars lässt sich die genaue Jupiterposition eines Horoskops mit Hilfe der Website des Autors ermitteln (www.bauer-astro.de).

Jupiter im Zeichen Widder – Das Glück der Inspiration

Jupiterstärken Selbstvertrauen, Optimismus
Jupiterschwächen Prahlerei

Die Botschaft Jupiters lautet: »Glück ist für dich die Möglichkeit, deinen Willen und deine Impulse spontan und unmittelbar umsetzen zu können. Du bist ein Abenteurer, in Wirklichkeit wie im Geiste. Du möchtest wie Kolumbus die Welt entdecken. Und wie Einstein, Hildegard von Bingen oder Galileo Galilei den Gipfel menschlicher Erkenntnis erreichen. Wenn du dich bewegst, geistig wie körperlich, bist du deinem Schöpfer am nächsten. Stillstand hingegen führt zur Resignation; du fühlst dich fern vom großen Ganzen.
Durch deine optimistische und positive Weltauffassung bist du dafür bestimmt, anderen voranzugehen oder ihnen den Weg zu weisen. Es schlummert auch ein Heiler und Prophet in dir, der im Laufe deines Lebens geweckt werden will. Bevor du allerdings selbst ein Heiler sein kannst, brauchst du Persönlichkeiten, die dir auf deinem Weg ein Vorbild sind. Mit der Gabe, andere zu führen, musst du behutsam umgehen. Hüte dich davor, sie zu blenden oder sich über ihr Unwissen zu erheben. Du darfst die Demut nie verlieren, und du darfst nicht vergessen, dass du selbst auch ein Suchender bist.«

Jupiter-Check

Wie wird man mit Jupiters Hilfe innerlich und äußerlich reich? Durch Handeln, Reisen, Unternehmungen, Initiativen.
Wie lässt sich mit diesem Jupiter helfen und heilen? Durch Körpertherapie, Yoga, Sport, Wärme, Motivation anderer, tatkräftiges Unterstützen, Zusprechen von Mut.

Jupiter im Zeichen Stier – Das Glück der Erde

Jupiterstärken Geduld, Großzügigkeit
Jupiterschwächen Bequemlichkeit

Die Botschaft Jupiters lautet: »Dein Glück liegt im ungestörten Genuss. Überfluss und Sicherheit bedeuten für dich die Erfüllung deiner Wünsche. Du bist geduldig. Wie ein Gärtner sorgfältig Samen und Pflanzen hegt, damit sie zur vollen Größe heranwachsen können, so überwachst du dein Hab und Gut, deine Anlagen und Talente und entwickelst sie zur vollen Reife. Der Vergleich mit dem Gärtner ist auch in anderer Hinsicht passend. Denn du liebst die Natur. Eine Waldlichtung im Frühling erscheint dir wie ein Dom, und du bist deinem Schöpfer vielleicht näher als in einer Kirche. Die Natur zeigt die Ordnung, Stimmigkeit und Erfüllung. Und die Natur heilt. Sie heilt dich, wenn du erschöpft oder krank bist. Du brauchst dich nur unter einen Baum zu legen, und du fühlst dich sofort besser. In der Natur findest du aber auch die Stoffe, um andere zu heilen. Nahrung, Heilkräuter, homöopathische Essenzen: Alles erhält durch Jupiter eine höhere Potenz, heilt und macht ganz.
Wovor du dich hüten musst, ist, Besitz zu horten. Ein Baum sammelt nicht die Erde, die ihn hält, er benutzt sie, um in den Himmel zu wachsen.«

Jupiter-Check

Wie wird man mit Jupiters Hilfe innerlich und äußerlich reich? Durch Geduld und Nähe zur Erde. Durch materiellen Wohlstand. Durch Liebe und Sinnlichkeit.
Wie lässt sich mit diesem Jupiter helfen und heilen? Mit den Heilkräften der Natur.

Jupiter im Zeichen Zwillinge – Das einfache Glück

Jupiterstärken Begeisterungsfähigkeit
Jupiterschwächen Ruhelosigkeit

Die Botschaft Jupiters lautet: »Dein Glück findest du im Alltäglichen, auf einem Wochenmarkt, im Zug, bei einer Unterhaltung mit Freunden und Bekannten. Aber auch zu Menschen, die du noch nicht kennst, findest du rasch einen Bezug und große Nähe. Dieses ›kleine Glück‹ bedeutet dir mehr, als nach großer und absoluter Erfüllung zu suchen. Du verfügst über eine enorme sprachliche Begabung, kannst gut schreiben, formulieren und sprechen.

Um dich wohl zu fühlen, brauchst du die Geselligkeit, verbalen Austausch und lebendige Kommunikation. Unter Menschen findest du zu dir und fühlst dich aufgehoben. Allein hingegen verlierst du deine innere Sicherheit und den tiefen Glauben, dass alles sinnhaft ist und von einem höheren Willen getragen wird. Daher ist es auch deine Aufgabe, andere miteinander zu verbinden, damit sie sich nicht als isoliert erleben. Der Mensch ist ein soziales Wesen. Er wächst in einer Familie auf, schafft sich später seine eigene Familie, seine Arbeitswelt, seine Freunde. Du bist auf der Welt, um andere aus ihrer Einsamkeit zu befreien, in die sie irrtümlicherweise geraten sind.«

Jupiter-Check

Wie wird man mit Jupiters Hilfe innerlich und äußerlich reich? Im Kleinen, in den Dingen, die sich im Umfeld befinden. Und in der Begegnung mit anderen.

Wie lässt sich mit diesem Jupiter helfen und heilen? Durch gute Worte, aufmunternden Zuspruch, durch Zuhören und Teilnahme. Durch Verbinden und Vernetzen.

Jupiter im Zeichen Krebs – Das Glück der Geborgenheit

Jupiterstärken Suggestivwirkung, Phantasie
Jupiterschwächen Gefühlspathos, Missbrauch

Die Botschaft Jupiters lautet: »Wenn du fühlst, bist du. Man kann dich einen ›Seelentaucher‹ nennen, denn deine liebste Beschäftigung ist es, dich in deine eigene oder die Seele anderer zu vertiefen. Eine gesunde und heile Psyche ist für dich unerlässlich, um zufrieden zu sein. Auch Menschen aus deinem Umfeld wenden sich an dich, weil sie intuitiv spüren, dass du ihnen helfen kannst, ihr Innenleben zu heilen.

In der Familie siehst du den Anfang allen Glücks, aber auch allen Elends. Sosehr du sie schätzt, so fern liegt es dir, nur dein eigenes Nest zu bewundern. Im Gegenteil, fremde Sitten und Gewohnheiten sind dir ebenso wichtig wie die eigenen. Am liebsten würdest du in einer Gemeinschaft leben, die von Menschen unterschiedlichster Herkunft getragen wird.

›Geborgenheit‹ ist für dich kein leeres Wort, sondern ein anderer Ausdruck für ›Erfüllung‹, ›Heimat‹, ›Göttlichkeit‹ und ›Ewigkeit‹. Wie ein Seismograph erspürst du daher Unstimmigkeiten in deinem Umfeld, die disharmonisch sind und den Frieden stören können. Deine großen heilerischen Fähigkeiten ermöglichen es, solche Störungen sichtbar zu machen. Hüten musst du dich aber davor, als Retter aufzutreten. Du bist wahrhaftig, wenn du alles einfach nur geschehen lässt.«

Jupiter-Check

Wie wird man mit Jupiters Hilfe innerlich und äußerlich reich? Im Fühlen, in der Liebe, im Geben, in der Familie, in der Vergangenheit, bei den Ahnen.

Wie lässt sich mit diesem Jupiter helfen und heilen? Durch aufdeckende Gespräche.

Jupiter im Zeichen Löwe – Das Glück der Herzensfreude

Jupiterstärken Herzenswärme, Großmut

Jupiterschwächen Eitelkeit, Dünkel

Die Botschaft Jupiters lautet: »Glück bedeutet für dich, dass du die Möglichkeit hast, spontan und großzügig schenken zu können. Äußere Werte sind dir deshalb nicht unwichtig, denn nur wer hat, kann auch geben. Aber du bist absolut kein Materialist, im Gegenteil: Wenn du nach Macht und Einfluss strebst, dann nicht in erster Linie um persönlicher Vorteile willen, sondern weil du überzeugt bist, anderen etwas geben zu können. Du verbreitest Optimismus. Deine Bestimmung ist es, anderen die Freude am Leben zu zeigen. So wie ich, dein Jupiter, einst die Schreckensherrschaft Saturns beendet habe und den Menschen eine gütigere, gerechtere Zeit brachte, so bist du auf der Welt, um Menschen zu erheitern, Sorgen und Kummer zu vertreiben.
Hüten musst du dich vor Stolz und Überheblichkeit. Bleib gütig! Trag das Feuer der Freude unter die Menschen, aber achte darauf, dass du niemanden damit verbrennst!«

Jupiter-Check

Wie wird man mit Jupiters Hilfe innerlich und äußerlich reich? Durch lebendige Teilnahme am Leben, Großzügigkeit und die Kraft des Herzens.
Wie lässt sich mit diesem Jupiter helfen und heilen? Indem man anderen das Leben als nährenden Urgrund zeigt, als göttlichen Spielplatz.

Jupiter im Zeichen Jungfrau – Das Glück der Unschuld

Jupiterstärken Engagement, Bescheidenheit
Jupiterschwächen Zersplitterung

Die Botschaft Jupiters lautet: »Glück ist für dich die einfachste Sache der Welt, es liegt vor der Tür, es braucht nur gefunden und aufgehoben zu werden. Einzige Voraussetzung: Man muss unschuldig sein wie ein Kind. Du bist daher auch kein Freund großangelegter und sich ewig hinziehender Expeditionen auf der Suche nach dem Glück. Entweder es ist hier – oder nirgends.

Insbesondere die Natur ist dir ein genialer Lehrmeister. Die Folge der Jahreszeiten, das Ineinandergreifen von Phasen des Wachstums und der Stagnation: Das alles ist für dich ein Ausdruck göttlicher Ordnung, die sich tagtäglich und jahraus, jahrein wiederholt. Auf besondere Weise faszinieren dich aber auch die Vorgänge im Zusammenhang mit dem menschlichen Körper. Dieses tagtägliche Wunder von Nahrungsaufnahme und Verwandlung in Leben, das Zusammenwirken Tausender Prozesse – all dies sind für dich sinnhafte Beweise göttlichen Wirkens.

Deine Kenntnisse befähigen dich zum Heiler. Schon durch deine Nähe initiierst du bei anderen die Genesung. Wovor du dich hüten musst, ist, dein Wissen zu missbrauchen. Wirke durch gutes Beispiel und nicht durch Besserwisserei!«

Jupiter-Check

Wie wird man mit Jupiters Hilfe innerlich und äußerlich reich? Im alltägliche Tun, bei der Arbeit, im Gefühl der Ordnung.

Wie lässt sich mit diesem Jupiter helfen und heilen? Durch bewusste Ernährung, das Studium von Körper und Geist und Lernen von der Natur.

Jupiter im Zeichen Waage – Das Glück der Liebe

Jupiterstärken Toleranz, Lebenskunst
Jupiterschwächen Eitelkeit, Genusssucht

Die Botschaft Jupiters lautet: »Glück findest du in der Kraft der Liebe. Du brauchst nicht einmal selbst unmittelbar daran teilzuhaben. Auch wenn andere Menschen sie entdecken, fühlst du dich angenommen, zu Hause, eins mit der Schöpfung. Noch göttlicher ist es natürlich, wenn Amor dich selbst trifft. Auf einer Wolke schwebst du, im Paradies bist du angekommen … Liebe ist deiner Meinung nach Ursprung und Ziel allen Seins. Gott ist die Liebe, und das Leben entspringt aus ihr. Der Liebe gibst du alles. Umgekehrt beschenkt sie dich auch. Du kannst andere tief berühren, trösten, erfreuen und aufbauen.
Auch der Kunst gehört dein Herz. Allerdings zählt für dich nur das dazu, was von Liebe getragen ist und Harmonie und Stimmigkeit ausdrückt. Im Grunde schlummert in dir selbst ein Künstler, der darauf wartet, seine Fähigkeiten zum Fließen bringen zu können. Wovor du dich hüten musst, ist, dich von Liebe und Harmonie einlullen zu lassen. Alles im Leben hat zwei Seiten. Zur Liebe gehört Auseinandersetzung und zur Harmonie Spannung. Nur wenn du das Gleichgewicht zwischen beiden Seiten findest, ist die Liebe vollendet.«

Jupiter-Check

Wie wird man mit Jupiters Hilfe innerlich und äußerlich reich? Indem man verzeiht, liebt, empfangen und geben kann.
Wie lässt sich mit diesem Jupiter helfen und heilen? Allein die Nähe heilt, und Berührungen sind eine Wohltat.

Jupiter im Zeichen Skorpion – Das Glück der Tiefe

Jupiterstärken Tiefgründigkeit, Spiritismus
Jupiterschwächen Exaltiertheit, Despotismus

Die Botschaft Jupiters lautet: »Glück findet sich deiner Meinung nach auf dem Grund aller Dinge, nicht an der Oberfläche. Dieses Wissen habe ich dir verliehen. Du sollst es weiterverbreiten. Was die Welt zusammenhält, ist der ewige Kreislauf von Zeugung, Geburt, Leben und Tod. Alles war schon immer, und alles wird immer sein. Daher musst du dich in besonderer Weise solcher Angelegenheiten annehmen, die ausgegrenzt werden aus dem Ganzen, aber dazugehören. Zum Beispiel ist für dich der Schatten ein notwendiger Teil des Lichts. Du fühlst dich daher veranlasst, dich für Schwächere einzusetzen oder aus der Gesellschaft Ausgeschlossene zu unterstützen. Du weißt instinktiv, dass es dem Leben schadet, wenn nicht alle Seiten integriert werden.
Mein heilendes Jupiterfeuer lodert in dir sehr stark. Wie Pollux einst seinem toten Bruder Castor in die Unterwelt folgte, um ihn zu retten, bist du bereit, die größten Unannehmlichkeiten auf dich zu nehmen, damit das Leben keinen Teil verliert. Du bist daher der geborene Retter und Heiler, gleich, ob du diese Gaben in einem Beruf ausübst oder sie als selbstverständlichen Beitrag in deinen Alltag einbringst. Wovor du dich hüten musst, ist, dem Dunklen und Schatten zu sehr zu verfallen – und das Helle nicht mehr klar zu sehen.«

Jupiter-Check

Wie wird man mit Jupiters Hilfe innerlich und äußerlich reich? Indem man das Offensichtliche hinterfragt, in die Tiefe geht, abwartet und einfach *ist*.
Wie lässt sich mit diesem Jupiter helfen und heilen? Indem man sich derer annimmt, die ein Schattendasein führen.

Jupiter im Zeichen Schütze – Das Glück der Weisheit

Jupiterstärken Idealismus, Glaube, religiöse Erfahrung, Sinnsuche

Jupiterschwächen Schwärmerei, Naivität, Dogmatismus

Die Botschaft Jupiters lautet: »Du bist auf der Welt, um das Glück zu suchen. In dir lebt die Geschichte aller fahrenden Völker fort, der Nomaden und Boten, herumziehenden Bader, Gaukler, Barden und Geschichtenerzähler. Letztlich ist es die Suche nach dem Heiligen Gral, nach Erleuchtung, der blauen Blume, der Quintessenz der Alchemie. Glaube ist für dich Realität, Gott ist nicht irgendwo unerreichbar, sondern überall. Auf dem Weg zu sein ist für dich das Ziel.

So verbreitest du die Wahrheit des Vielen und nicht die des Einen. Deswegen bist du so tröstlich für diese Welt: Denn du hast immer noch eine Perspektive, siehst immer noch eine Möglichkeit. Nichts ist für dich aussichtslos: Viele Wege führen nach Rom, und kein Problem ist so groß, dass es nicht doch eine Lösung gäbe.

Das Feuer, das ich, dein Jupiter, dir in die Hände gebe, heißt Weisheit. Wovor du dich allerdings hüten musst, ist, das Kind mit dem Bade auszuschütten. In deinem heilsamen Krieg gegen die Blindheit der Menschen läufst du Gefahr, selbst blind und einseitig zu werden.«

Jupiter-Check

Wie wird man mit Jupiters Hilfe innerlich und äußerlich reich? Durch die Suche nach Sinn und Göttlichkeit.

Wie lässt sich mit diesem Jupiter helfen und heilen? Durch eine Lebensweise, die Hoffnung verbreitet.

Jupiter im Zeichen Steinbock – Das Glück des Erfolgs

Jupiterstärken Führungsqualität, Ausdauer
Jupiterschwächen Lehrmeisterei

Die Botschaft Jupiters lautet: »Glück ist für dich, deine Arbeit getan zu haben und Ruhe und Sammlung dankbar zu genießen. Glück ist für dich aber auch, sich einer Sache vollständig zu verschreiben, ihr zu gehören, bis sie vollbracht ist. Darin gleichst du einem Bergsteiger, der nicht eher ruht, als bis er auf dem Gipfel steht und dort nach dem nächsten Ausschau hält. Du bist ein Mensch, der sich selbst antreiben und motivieren kann.
Ich, dein Jupiter, befähige dich auch, zu einem Führer zu werden, einer, der anderen vorausgeht. Um das zu leisten, was dein Karma ist, brauchst du Kraft, Ausdauer und Zähigkeit. Du bist hart zu dir selbst, weil du weißt, dass deine Ziele keine Schonung dulden. Das Gleiche erwartest du allerdings auch von anderen, was manchmal dazu führt, dass diese dich fürchten und dir aus dem Weg gehen. Daher ist es für dich wichtig, zu erkennen, dass nicht alle Menschen aus dem gleichen (harten) Holz geschnitzt sind wie du. Entwickle Geduld, Nachsicht und Toleranz für deine Mitmenschen, und du wirst eines Tages den höchsten Berg bezwingen, nämlich den der Weisheit.«

Jupiter-Check

Wie wird man mit Jupiters Hilfe innerlich und äußerlich reich? Durch Arbeit und Übernahme von Verantwortung, durch Demut.
Wie lässt sich mit diesem Jupiter helfen und heilen? Durch vorbildliches Verhalten, durch richtige Führung.

Jupiter im Zeichen Wassermann – Das Glück des Wandels

Jupiterstärken Humanismus, Toleranz
Jupiterschwächen Autoritätskonflikte

Die Botschaft Jupiters lautet: »Glück ist für dich das Gefühl, vorwärtszuschreiten, nicht stehen zu bleiben und deinen Idealen von einer gerechten, liebevollen Welt näherzukommen. Du unterstellst dich selbst dem Fortschritt, arbeitest, und wenn es nötig ist, kämpfst du für ihn. Es geht dir nicht um deine eigene Zukunft. Du bist ein Philanthrop, ein Menschenfreund, der an das Gute glaubt. Dabei unterstützt du Eigenverantwortung und Autonomie. Hilfe zur Selbsthilfe: So lautet dein Programm. Es fällt dir schwer, dich in eine Hierarchie einzuordnen. Ungleichheit zwischen den Menschen ist für dich ein Greuel. Die Kraft deines Glaubens an eine positive Zukunft macht dich für diesen Planeten so wichtig. Denn deinen Visionen ist es zu verdanken, dass die Welt nicht stehen bleibt, sondern sich immer weiterentwickelt.
Wovor du dich in Acht nehmen musst, ist, das Alte nicht völlig zu verwerfen. Du beraubst dich sonst deiner eigenen Wurzeln. Dann aber wird auch der Fortschritt illusorisch.«

Jupiter-Check

Wie wird man mit Jupiters Hilfe innerlich und äußerlich reich? Durch Arbeit für eine bessere Zukunft.
Wie lässt sich mit diesem Jupiter helfen und heilen? Durch Vermittlung neuer Perspektiven, durch solidarische Unterstützung und Veränderung.

Jupiter im Zeichen Fische – Das Glück des Seins

Jupiterstärken Liebe, Mitgefühl, Intuition
Jupiterschwächen Helfersyndrom

Die Botschaft Jupiters lautet: »Glück bedeutet für dich, eins zu sein mit der Schöpfung – ähnlich einem Tropfen, der ins Meer fällt und eins wird mit dem Ganzen. Dein Leben richtet sich nach dem Ideal der Selbstlosigkeit und dem Zurückstellen eigener Bedürfnisse hinter das Wohlergehen des größeren Ganzen. Soziales Engagement ist für dich kein politisches Schlagwort, sondern selbstverständliche Lebensqualität. Du bist sensibel, empörst dich über Ungerechtigkeit und Lieblosigkeit. Ich, dein Jupiter, verleihe dir eine besondere Magie, die Leid und Traurigkeit auflösen kann. Du tust aber gut daran, diese Fähigkeit weiterzuentwickeln, indem du zum Beispiel Heilpraktiker wirst oder dich mit Themen beschäftigst, die deine Anlagen fördern.
Da du dich oft an großen Idealen orientierst, macht dir der Umgang mit der unmittelbaren, konkreten Wirklichkeit mitunter Mühe. Des Weiteren ist es wichtig, dass du dich als Helfer nicht ausnutzen lässt. Du musst lernen, dich abzugrenzen.«

Jupiter-Check

Wie wird man mit Jupiters Hilfe innerlich und äußerlich reich? Durch Hingabe an das, was ist, durch Liebe des Ganzen.
Wie lässt sich mit diesem Jupiter helfen und heilen? Es sind große heilerische Fähigkeiten vorhanden, die aber gefördert werden sollen.

Saturn – Zum Diamanten werden

Die Bedeutung Saturns

Früher galt Saturn in der Astrologie weithin als Übeltäter, als Verkörperung des Schlechten und Bösen. Er scheint es darauf abgesehen zu haben, uns das Leben so schwer wie irgend möglich zu machen. Wie der Drache im Märchen verkörpert er Gefahr, Schrecken, ja, zuweilen sogar den Tod. Daher finden sich alte Darstellungen, auf denen Saturn häufig als Knochengerüst mit Sense zu sehen ist, das alles erbarmungslos niedermäht. Saturn kennt kein Mitleid, keine Gnade. Er wirft den Menschen ihr Schicksal vor die Füße – und es bleibt nichts anderes, als es zu nehmen und zu tragen.

Heutzutage wird seine Wirkung positiver gesehen: Wenn Saturn einen noch so sehr plagt, schikaniert, an den Abgrund heranführt, dann hilft er ebenso, sich gegen die Unbilden des Schicksals zu wappnen. Er »schmiedet« den Menschen, macht ihn hart, widerstandsfähig und ausdauernd. Wer immer etwas Großes erreicht in seinem Leben, der schafft es mit Hilfe Saturns und seiner (oft) grausamen Wechselbäder. Da, wo im Horoskop der Planet Saturn steht, muss der Mensch also lernen, in die Schule gehen, dort wird er gestreckt und zusammengeschoben, kritisiert und tyrannisiert, trainiert und behindert – bis er nahezu Perfektion erlangt: Vollkommenheit und Reinheit. Vom Rohling zum Diamanten, so lässt sich das Wirken Saturns zusammenfassen.

Und dennoch geht es dabei keineswegs ausschließlich um Härte, Ausdauer, Übung, Verzicht und unermüdliches Arbeiten an sich selbst. Der Weg zur Vollkommenheit führt unmittelbar am Fluss der Gnade entlang. Saturn ist kein kalter, gemeiner, fordernder Feind, dem gegenüber es sich zu wappnen und zu rüsten gilt. Er verlangt, nein, er verdient Ehrfurcht, Demut, Liebe.

♄ Das astrologische Symbol besteht aus einem Halbkreis, der dem Kreuz untergeordnet ist. Es drückt aus, dass das Seelische (Halbkreis) unter dem Materiellen (Kreuz) steht, ihm untergeordnet ist.

Auf den folgenden Seiten finden sich die zentralen Eigenschaften der Saturnposition in einem Horoskop. Bei der individuellen Anwendung ist einmal mehr zu berücksichtigen, dass diese Stellung stets auch durch Verbindungen mit den übrigen Gestirnen eine andere Färbung bekommen und im Einzelfall auch einmal stark von den hier genannten Deutungen abweichen kann.
Ihre exakte Saturnposition können Sie wieder über die Homepage des Autors herunterladen (www.bauer-astro.de).

Der Widder und seine Saturnzeichen

Saturn im Zeichen Widder – Über die Kraft herrschen

Saturnstärken Ehrgeizig, machtvoll, führungsbegabt, durchsetzungsstark, edel
Saturnschwächen Rechthaberisch, sarkastisch, bösartig, bissig, gemein

Die Botschaft Saturns lautet: »In deinem Leben geht es darum, deine Wildheit zu bändigen, deine Emotionen zu zügeln und deinen persönlichen Willen einem höheren Ziel, einer Idee mit allgemeinem Wert unterzuordnen. Stell dir mich, Saturn, als ›Pferdeflüsterer‹ und das Widderzeichen als ein wildes Pferd vor, aus dem ein edles Ross werden soll, das dem Reiter seine feurige Energie voll und gern zur Verfügung stellt.
Viele Menschen mit dem Saturn im Zeichen Widder tendieren allerdings dazu, ihre Wildheit zu brechen, sie zu unterdrücken. Sie verdrängen und vergessen sie und sind schließlich im Besitz eines, um es salopp auszudrücken, alten Kleppers. Damit du nicht in diesen Zustand gerätst, bedarf es großer Geduld und harter Arbeit an dir selbst. Du musst die Auseinandersetzung mit dem Leben als Läuterungsprozess begreifen und Kritik nicht als Verhinderung oder Bösartigkeit des Schicksals, sondern als einen Wink Saturns nehmen. Wichtig ist auch, dass du deine Emotionen, Wünsche und Sehnsüchte hinterfragst und diesem Prozess der Katharsis unterordnest.«

Saturn-Check
Wo muss man sich diesem Saturn beugen? Man muss sein Feuer zähmen und sich in Geduld üben.
Welche Mittel und Methoden wendet Saturn an? Vollkommenheit soll erreicht werden durch Verhinderung, Kritik und Strafe.
Worauf muss man achten? Nicht zu streng und rechthaberisch zu werden.

Saturn im Zeichen Stier – Über die Lust herrschen

Saturnstärken Beharrlichkeit, Festigkeit, Standhaftigkeit, Sparsamkeit
Saturnschwächen Geiz, Gefühllosigkeit, Sturheit, Gier, Neid, Existenzangst

Die Botschaft Saturns lautet: »Du musst deine Lust und deine Gier kontrollieren. Denn du neigst dazu, dass du mehr und härter arbeitest, als dir guttut, dass du nervös und gestresst bist und schließlich arbeitsunfähig wirst. Überdies tendierst du dazu, dein Geld in Geschäften anzulegen, die du nicht übersiehst, und am Ende ergeht es dir wie ›Hans im Glück‹: Du besitzt gar nichts mehr. Du läufst also Gefahr, über deine Verhältnisse zu leben, und das von Kindesbeinen an.
Dramatische Auseinandersetzungen mit Eltern und anderen Erwachsenen sind die Folge, wobei in deinen Augen zunächst immer die anderen die ›bösen, versagenden und missgünstigen‹ Menschen sind. Aber es ist mein Einfluss, der dir das Leben schwermacht. Ich, Saturn, verlange Verzicht – und das gerade dort, wo du am meisten Spaß hast. Das ist ein harter, mühsamer, frustrierender Weg. Auf diese Weise entwickelst du jedoch eine besonders feine Sinnlichkeit, wirst zum Genießer der kleinen Dinge und der wirklichen Köstlichkeiten des Lebens.«

Saturn-Check

Wo muss man sich diesem Saturn beugen? Seiner Lust und seinen Wünschen nicht nachgeben, Vorsicht beim Streben nach materiellen Werten.

Welche Mittel und Methoden wendet Saturn an? Der Weg führt durch Leid, Schmerzen, Versagung und Verhinderung, unter Umständen auch durch Krankheit.

Worauf muss man achten? Sich nicht kasteien und sich und den anderen so die Lust am Leben nehmen.

Saturn im Zeichen Zwillinge – Über die Leichtfertigkeit herrschen

Saturnstärken Klarheit, Überblick, das Wesentliche erkennen, literarisches Geschick, geistige Wendigkeit

Saturnschwächen Die Wahrheit verdrehen, Unsicherheit, Besserwisserei, Charakterschwäche

Die Botschaft Saturns lautet: »Deine Aufgabe ist es, dich im Leben nicht zu verzetteln, die Wahrheit zu finden und nicht ihren Schein, Wissen zu erwerben, das wirklich nützlich ist. Du gehst dein Lebtag in eine Schule, in der du lernst, stetig besser zu werden, immer mehr Kenntnisse zu erwerben. Aber dieses ›Besser‹ und dieses ›Mehr‹ sind nicht einfach quantitativ gemeint. Es geht um einen großen Reifungsprozess.

Was ist der Grund, dich dermaßen streng zu disziplinieren? In deiner Persönlichkeit findet sich ein unglaublich leichtfertiger Anteil. Aus der Sicht des (Über)lebens heraus braucht es daher eine andere, eben die saturnische Kraft, damit du dir nicht aus dieser Gedankenlosigkeit heraus selbst schadest. In deiner Tiefenpsyche herrscht also ein berechtigter Zweifel an deinen Kontrollfunktionen. Das ist der Grund für die Strenge Saturns. Wenn du mit mir, dem Zwillingesaturn, behutsam und richtig umgehst, dann ›schleifst‹ du dich selbst, wirst nicht überheblich, sondern orientierst dich an anderen und suchst dir Lehrer und Meister, die dir helfen, vollkommener zu werden.

Worauf du noch achten musst: Mit dieser Saturnstellung neigt man zu einsamen Entschlüssen. Sozusagen als Gegenreaktion auf die Leichtfertigkeit wird man zum Dogmatiker und Besserwisser, zu einem, der alles mit dem Kopf checkt. Eine solche Haltung entspricht nicht meinem Wunsch.«

Saturn-Check

Wo muss man sich diesem Saturn beugen? Lernen, Kritik konstruktiv zu nehmen. Man muss über sämtliche Konsequenzen seines Verhaltens Bescheid wissen.
Welche Mittel und Methoden wendet Saturn an? Mit Verhinderung, Misserfolg und Demütigung muss man rechnen.
Worauf muss man achten? Nicht dogmatisch und überheblich zu werden. Auch vor allzu großer Strenge muss man sich hüten.

Saturn im Zeichen Krebs – Über die Gefühle herrschen

Saturnstärken Selbstbeherrschung, seine Gefühle im Griff haben, zum Kern vordringen, Distanz, Wahrhaftigkeit, Zuverlässigkeit
Saturnschwächen Gefühlskälte, Rückzug, Misstrauen, Pessimismus

Die Botschaft Saturns lautet: »Aus einem Wesen, das seinen Instinkten, seinem ›Bauch‹ folgt, soll ein Mensch werden, der sein Leben nach Einsicht, Wahrheit und höherem Wissen steuert. Der Weg ist überaus schwierig und schmerzlich. Saturn hat dir nämlich Angst vor dem Glück und sogar vor der Liebe eingepflanzt. Als wäre es für dich verboten, Zufriedenheit zu kosten, als müsstest du immer wieder die Erfahrung machen, dass das Leben bitter ist.
Woher kommen diese Ängste? Deine Psyche ist geprägt von traumatischen Erfahrungen. Es kann sein, dass sie aus früheren Leben stammen. Es ist aber genauso möglich, dass du mit bestimmten existenziellen Erfahrungen deiner Ahnen verbunden bist. Jedenfalls lebt in dir die Angst fort, deine Gefühle könnten missbraucht werden, so wie es schon einmal geschehen ist. Deswegen miss-

traue ich, Saturn im Zeichen Krebs, grundsätzlich allen Empfindungen. Es ist reiner Schutz. Du sollst über die Gefühle hinauswachsen, unabhängig und frei von ihnen werden.
Aber du darfst mich auch nicht zum Alleinherrscher über dein Leben erheben und grundsätzlich vor allen Regungen davonlaufen. Du sollst klüger, erfahrener ins Leben treten, damit dir nichts Schlechtes widerfährt. Ziel deines Daseins ist es, deine Vergangenheit zu überwinden, nicht vor ihr zu kapitulieren. Stell dich deinen Gefühlen! Du bist kein Kind mehr, das man verletzen kann. Du bist eine erwachsene, starke Persönlichkeit!«

Saturn-Check

Wo muss man sich diesem Saturn beugen? Der Weg führt durch Leid, Schmerzen, Versagung und Verhinderung, unter Umständen auch durch Krankheit.
Welche Mittel und Methoden wendet Saturn an? Angst, Schmerzen, Versagung und Leid.
Worauf muss man achten? Das »Kind nicht mit dem Bad auszuschütten« sowie Gefühle zu missachten und zu unterdrücken.

Saturn im Zeichen Löwe – Über das Ego herrschen

Saturnstärken Selbstbeherrscht, erhaben, edel, vollendet
Saturnschwächen Arrogant, selbstherrlich

Die Botschaft Saturns lautet: »Du bist dafür bestimmt, das Höchste anzustreben – und musst doch immer wieder die Erfahrung machen, ganz unten zu sein. Durch mich, Saturn im Zeichen Löwe, werden Menschen geschmiedet, die Ruhm und Ehren erwerben, Meister und Führungspersönlichkeiten. Aber der Weg dorthin ist beschwerlich. Du wirst viel erdulden, durchmachen und verstehen müssen. Das Leben pendelt zwischen Macht und Ohnmacht, zwischen Stolz und Scham hin und her. Allmählich entwickelst du vielleicht Angst vor Macht, Verantwortung und Erfolg – und wirst doch davon auch regelrecht angezogen.

Diese Saturnposition kann mit der Zeit zu Unlust dem Leben gegenüber führen. Dagegen musst du dann selbst ›zu Felde ziehen‹. Zuvor aber brauchst du die Einsicht, was ich eigentlich bezwecken möchte. Bedenke, dass diese Stellung die Folge von Machtmissbrauch ist. Vielleicht hast du in einem früheren Leben versagt, die Verantwortung nicht übernommen. Vielleicht trägst du aber auch an einer Schuld der eigenen Ahnen.
Saturn im Zeichen Löwe ›erzieht‹ dich dazu, dein Wirken, dein Verhalten und Sein zu überdenken und hinsichtlich sämtlicher Konsequenzen zu verantworten. Dazu gehört im Besonderen das Verhalten als Vater bzw. Mutter den eigenen Kindern gegenüber. Du musst die Verantwortung selbst dann übernehmen, wenn du nach gängiger Meinung davon freigesprochen wirst, wie zum Beispiel bei einer Krankheit oder einem Unfall.«

Saturn-Check
Wo muss man sich diesem Saturn beugen? Lernen, Verantwortung zu übernehmen.
Welche Mittel und Methoden wendet Saturn an? Man wird behindert, gedemütigt, kritisiert.
Worauf muss man achten? Nicht zu einem lust- und lebensfeindlichen Menschen zu werden.

Saturn im Zeichen Jungfrau – Über den Körper herrschen

Saturnstärken Treue, Anhänglichkeit, Arbeitseifer, Selbstkontrolle, Genügsamkeit
Saturnschwächen Ernst, Pedanterie, Kritiksucht

Die Botschaft Saturns lautet: »Bei dir trifft Kontrolle auf Kontrolle. Denn allein das Zeichen Jungfrau bedeutet, dass man seine Gefühle, seine Triebe, seinen Sex, seinen gesamten Körper im Griff hat. Wenn dann ich, Saturn, noch hinzukomme, verdoppelt sich die vorsichtige und kritische Einstellung. Bei dermaßen viel

Skepsis muss in der Vergangenheit (in einem früheren Leben, in der eigenen Ahnenreihe) etwas geschehen sein, was große Angst hervorgerufen hat: Angst vor Sexualität und dem damit verbundenen Akt der Zeugung, Angst vor Schwangerschaft und Geburt. Saturn in der Jungfrau verweist auf ein ›Versagen‹ in diesem Bereich: Vielleicht musste eine Schwangerschaft abgebrochen werden, möglicherweise kam ein Kind tot zur Welt, oder beide, Mutter und Kind, starben.
Durch meine Position wird jetzt ein Riegel vor Sex und Zeugung geschoben, werden die Gefühle blockiert, die Lust verringert, wird versucht, aus dem ›Tiermenschen‹ mit seiner Abhängigkeit von Lust und Trieben einen Homo sapiens im wahrsten Sinne des Wortes, einen ›weisen‹ Menschen zu machen. Ich, Saturn, verhindere also und wecke zugleich die Sehnsucht, das Körperhafte des Lebens zu transformieren, ein Wesen zu sein, dessen Energie nicht aus den Lenden, sondern aus dem Geist kommt. Das heißt beileibe nicht, dass du dich in ein Kloster zurückziehen sollst. Aber du musst dich mit diesem Thema auseinandersetzen. Das bleibt niemandem erspart, dessen Saturn im Zeichen Jungfrau steht.«

Saturn-Check

Wo muss man sich diesem Saturn beugen? Man muss seine Lust kontrollieren.

Welche Mittel und Methoden wendet Saturn an? Versagen, Enttäuschung, Krankheit, darauf muss man gefasst sein. Einsicht ist Bedingung.

Worauf muss man achten? Seine Lust nicht vollständig zu unterdrücken. Lustfeindlichkeit ist nicht das Ziel.

Saturn im Zeichen Waage – Über die Liebe herrschen

Saturnstärken Gerechtigkeitssinn, Ausgewogenheit, wahrhaftig lieben können

Saturnschwächen Disharmonie, Unzufriedenheit, Gefühlskälte, Einsamkeit

Die Botschaft Saturns lautet: »Meine Position bedeutet die Aufforderung, nach der ›richtigen, wahren‹ Liebe zu suchen. Ihr muss dein ganzes Sehnen und Streben gelten. Um sie zu finden, wirst du jede Menge Enttäuschungen zu verkraften haben. Denn was du für Liebe hältst – den Rausch der Sinne, überwältigende Gefühle, Herz und Schmerz –, hat vor mir, deinem Saturn, keinen Bestand. In meinen Augen heißt Liebe, dass sich Ich und Du, der eine und der andere, gleichwertig gegenübertreten. Niemand ist kleiner oder größer, gescheiter oder dümmer, wichtiger oder unbedeutender, reifer oder naiver. Das klingt einfach und ganz selbstverständlich, ist es aber nicht. Menschen haben von Natur aus das Bestreben, sich selbst zu verwirklichen, andere hingegen (und dazu zählen auch Partner) hintanzustellen. Darüber hinaus bestehe ich auf Zuverlässigkeit. Vor mir zählt noch das ›eherne‹ Gesetz ›… bis dass der Tod euch scheidet‹.
Es sind gravierende Dinge geschehen (in einem früheren Leben, in der Ahnenreihe), deshalb wache ich, Saturn, jetzt persönlich über die Liebe. Es kam zu unwürdigem Verhalten. Jemand wurde im Stich gelassen. Die Liebe wurde verraten. Herzen wurden gebrochen … Jetzt ›zahlst‹ du dafür. Aber es ist keine Rache oder Strafe. Ich, Saturn, mache mich stark, damit du derlei Fehlverhalten vermeidest. Ich bringe dich auf den Weg.«

Saturn-Check

Wo muss man sich diesem Saturn beugen? Man muss lernen, verbindlich zu sein.
Welche Mittel und Methoden wendet Saturn an? Falsche Liebe, Liebeskummer und Alleinsein drohen.
Worauf muss man achten? Die Liebe nicht restlos zu »vergessen«.

Saturn im Zeichen Skorpion – Über die Vergänglichkeit herrschen

Saturnstärken Tiefe, Zugehörigkeit, Willenskraft, Verbundenheit mit den Ahnen

Saturnschwächen Engstirnigkeit, Fanatismus

Die Botschaft Saturns lautet: »Meine Position verweist auf tragische, leidvolle Erfahrungen. Könntest du dein Leben bzw. das deiner Familie rückwärts abspulen, würden rasch Szenen auftauchen, in denen jemand auf der Flucht, vertrieben, ohne Heimat, ohne Zugehörigkeit ist. Diese Themen beherrschen deine Ahnenreihe weit über deine Großeltern hinaus. Man hat keine richtigen Wurzeln, kein Erbe, das man übernehmen, keine Fußstapfen, in die man treten kann. Wenn man zurückschaut, finden sich Leben ohne Glanz, ohne Würde, ohne Höhepunkt. Daher dränge ich, Saturn, dich mit aller Macht dazu, deinem Leben einen Wert zu verleihen. Denn das Gefühl, dass die eigenen Ahnen ein würdeloses Dasein fristen mussten, formt sich in den Seelen der Nachkommen zu einem großen, mächtigen Anspruch, es besser zu machen, den Gipfel zu ersteigen.
Ich, Saturn im Zeichen Skorpion, veranlasse dich, die dünnen Fäden aus deiner Vergangenheit aufzuspüren und im Laufe deines Lebens ein Netz daraus zu knüpfen – um so wieder einen Halt zu finden. In der Weise, wie du dich umdrehst und vor der Vergangenheit verneigst, bekommst du eine Verbindung zu deinen Vorfahren sowie der eigenen Vergangenheit und erhältst Kraft und Wissen. Das ist der ›Dank der Ahnen‹. Wenn du dich ihrer annimmst, erfährst du ihren Schutz und bist nie mehr allein im Leben. Hinter dir steht die Kraft der Vergangenheit.«

Saturn-Check

Wo muss man sich diesem Saturn beugen? Sich vor der Vergangenheit verbeugen.
Welche Mittel und Methoden wendet Saturn an? Man muss hohe Ansprüche an sich selbst und sein Leben stellen.

Worauf muss man achten? Nicht in der Vergangenheit zu »ertrinken«, Gegenwart und Zukunft nicht aus den Augen zu verlieren.

Saturn im Zeichen Schütze – Über Wahrheit und Wissen herrschen

Saturnstärken Pioniergeist, Mut, Weisheit, Stärke, Wahrhaftigkeit
Saturnschwächen Dünkel, Zynismus, Grausamkeit

Die Botschaft Saturns lautet: »Dein Leben ist eine Reise zu dir selbst. Du musst dir deinen eigenen Weg suchen! Lass dich nicht von anderen beeinflussen. Hör nur auf dich! Diese starke Hinwendung zu dir selbst ist verbunden mit einer Abkehr von deinem Umfeld und beruht auf einer Reihe großer Enttäuschungen in der Vergangenheit (der eigenen bzw. der Ahnen), bei denen der Glauben an andere Menschen verlorengegangen ist: Vielleicht hat ein Arzt versagt, es ist ihm ein Fehler unterlaufen, oder er hat sich zu wenig Mühe gegeben. Vielleicht wurdest du oder jemand aus deiner Familie in seinem Glauben zutiefst erschüttert, weil ›Gott‹ ein schreckliches Geschehen zuließ, einem nicht beistand. Es gehört auch zur Vergangenheit von Menschen mit dieser Saturnposition, dass sie – um zu überleben – ihrem Glauben abschwören mussten. Jedenfalls bestand am Anfang eine große Hoffnung, die schließlich in eine große Enttäuschung mündete.
Mit mir, Saturn im Zeichen Schütze, hast du einen Vertrauten an deiner Seite, einen, der hilft, derartige Enttäuschungen zu vermeiden. Mit mir bist du von vornherein skeptisch. Du kommst bereits mit Misstrauen auf die Welt, und im Laufe der Jahre gewöhnst du dich immer stärker daran, alles in Frage zu stellen. Du wirst ein Mensch, der zwischen Illusion und Wahrheit genau unterscheiden kann. Du wirst weise.«

Saturn-Check

Wo muss man sich diesem Saturn beugen? Er verlangt Selbstvertrauen.

Welche Mittel und Methoden wendet Saturn an? Er führt einen durch Enttäuschungen, Fehlschläge und Irrwege.

Worauf muss man achten? Kein grundsätzliches Misstrauen zu entwickeln, nicht gänzlich an der Welt zu verzweifeln.

Saturn im Zeichen Steinbock – Über sich und andere herrschen

Saturnstärken Klarheit, Standhaftigkeit, Verantwortlichkeit, Führungskompetenz, Selbstbeherrschung
Saturnschwächen Kälte, Rücksichtslosigkeit, Einsamkeit

Die Botschaft Saturns lautet: »Du besitzt einen besonders mächtigen Saturn. Das kommt daher, dass ich der regierende Planet des Tierkreiszeichens Steinbock bin. Ich bin hier zu Hause und kann mich gut entfalten. Meine Kraft verdoppelt sich im Steinbockzeichen. Auf der einen Seite führt dies dazu, dass du kontinuierlich an einer Lebensaufgabe arbeitest. Sie lautet: Du sollst etwas Großes vollbringen!

Auf der anderen Seite führt diese doppelte Saturnkontrolle dazu, sich selbst und vor allem seinen Gefühlen zu misstrauen.

Dies hat seine Wurzeln in der Vergangenheit (in einem früheren Leben, im Leben der Ahnen), in der du bzw. deine Vorfahren ausgenutzt, manipuliert oder sogar missbraucht wurden. Zu denken ist auch an eine Verführung oder einen gewalttätigen Missbrauch von Kindern, wohl die verwerflichste Untat. Irgendetwas in dieser Art muss Ursache dafür sein, dass du dir heute selbst nicht mehr vertraust. Für dich sind Menschen gefährlich, unberechenbar, zu allem fähig.

In der Weise, wie du älter wirst und erfährst, dass das Leben, du und die anderen berechenbar sind, wirst du neues Vertrauen schöpfen. Du wirst neue Gefühle entdecken, solche, die weniger aus dem Bauch, sondern aus dem Herzen kommen. Du wirst lieben, mit anderen Menschen zusammen sein, aber auch allein sein können. Du wirst unabhängig, selbständig, und dein Leben wird getragen von Stimmigkeit und Zufriedenheit. Jetzt obliegt dir auch, andere zu führen. Denn du wirst sie nicht ›verkrüppeln‹ und ›züchtigen‹, sondern zu Weisheit und Liebe führen.«

Saturn-Check

Wo muss man sich diesem Saturn beugen? Man muss lernen, Herr seiner selbst zu sein.

Welche Mittel und Methoden wendet Saturn an? Angst, Vorsicht, Enttäuschung.

Worauf muss man achten? Kein Einsiedler und kein Menschenfeind zu werden.

Saturn im Zeichen Wassermann – Über das Chaos herrschen

Saturnstärken Individualität, Erfindungsgabe, Menschlichkeit
Saturnschwächen Chaotisch, verwirrt und verrückt sein, Hochstapelei

Die Botschaft Saturns lautet: »Du suchst etwas besonders Wertvolles im Leben, nämlich Individualität. Einzigartigkeit ist kostbar. Zwar sagt man leicht dahin, jemand sei ein Individuum. Aber das ist hier nicht im formellen Sinne gemeint. Ein wirkliches Individuum besitzt einen eigenen Charakter, etwas Besonderes und Einmaliges. Dadurch unterscheidet sich der Einzelne von allen anderen Menschen, vergleichbar einem als Solitär dastehenden Baum in einer Landschaft. Dieser Wunsch nach Einmaligkeit ist uralt. Du trägst ihn schon lange mit dir herum (viele Leben, durch Generationen hindurch). Du bist aus der Gesellschaft ausgebrochen, hast deine Familie verlassen – immer auf der Suche nach Freiheit, nach Individualität. Du hast Menschen mit anderem Glauben, aus anderen Ländern und aus anderen sozialen Schich-

ten geliebt. Kinder kamen, noch bevor ein längeres Zusammenleben überhaupt zur Diskussion stand. Du selbst entstammst letztlich einer derartigen ›Augenblicksverbindung‹. Du verdankst dein Dasein einem sogenannten Zufall, einer Laune des Schicksals sowie der Spontaneität und Freiheit deiner Vergangenheit.
Aber du warst auch blind und unwissend und erlebtest daher grandiose Irrungen und Verwirrungen. Du erlittest die große Angst vor dem Chaos, vor einem Sein ohne Ordnung und Sicherheit. Du wurdest ausgestoßen und verbannt, verjagt und geächtet. – Jetzt begleitet dich Saturn. Mit mir wirst du dein freies Leben fortführen und dich dabei immer sicherer am Chaos vorbeimanövrieren.«

Saturn-Check
Wo muss man sich diesem Saturn beugen? Man muss lernen, seine Individualität zu leben, ohne im Chaos unterzugehen.
Welche Mittel und Methoden wendet Saturn an? Reinfall, Bruchlandung und Fehlentscheidung.
Worauf muss man achten? Dass man den Kontakt zu anderen Menschen nicht verliert.

Saturn im Zeichen Fische – Sein Mitgefühl beherrschen

Saturnstärken Toleranz, Opferbereitschaft, Weitblick, Visionen
Saturnschwächen Ich-Schwäche, Isolation, Selbstzweifel

Die Botschaft Saturns lautet: »Wie im Märchen wird dir aufgetragen, dich auf eine Reise zu begeben. Wohin? Vielleicht zum Ende des goldenen Regenbogens. Ans Ende der Welt. Oder nirgendwohin. Mit mir, Saturn im Zeichen Fische, ist dir ein Geheimnis in die Wiege gelegt. Aber mehr weiß man nicht. Das Geheimnis hat damit zu tun, dass in deiner Vergangenheit (in einem früheren Leben, in deiner Ahnenreihe) jemand verschwiegen wurde: ein Kind, eine andere Frau, der richtige Vater … Dieses verleugnete,

verheimlichte Leben fehlt jetzt deiner Seele, und sie sucht danach, ohne dass du es selbst bewusst wahrnimmst.
Dir ist infolgedessen ein besonderes ›Organ‹ für Unrecht und Lüge gegeben. Wo immer in dieser Welt Unrecht geschieht, leidest du mit. Jedes Leid ziehst du regelrecht an. Aber das hat auch fatale Folgen für die Liebe. Du neigst dazu, dir einen Partner zu suchen, der ganz besonders der Zuwendung bedarf, weil er unglücklich ist. Dann kannst du ihm – so meinst du zumindest – all das angedeihen lassen, was in der Vergangenheit nicht geschehen ist: grenzenlose Liebe. Du nimmst ihn an. Du bist für ihn da. Du verstößt ihn nicht.
Aber das ist der falsche Weg. Du musst mit der Vergangenheit fertig werden und sie nicht ständig vor dir hertragen. So wiederholst du nur dein Karma. Du brauchst nicht aufzuhören, andere zu lieben. Aber du darfst das rechte Maß nicht aus den Augen verlieren.«

Saturn-Check
Wo muss man sich diesem Saturn beugen? Man muss sich mit seiner Vergangenheit auseinandersetzen.
Welche Mittel und Methoden wendet Saturn an? Desillusionierung und Enttäuschung.
Worauf muss man achten? Die Vergangenheit nicht endlos zu wiederholen.

Zum Schluss

Seit nunmehr über dreißig Jahren beschäftige ich mich mit Astrologie. In dieser Zeit entstanden über sechzig Bücher zu diesem Thema. In zahlreichen Journalen und Zeitungen finden sich regelmäßig wöchentliche, teilweise sogar tägliche astrologische Beiträge von mir. In Einzelsitzungen, Seminaren, Aus- oder Weiterbildungen bin ich in meiner Tätigkeit als Astrologe einigen tausend Menschen begegnet.

Bei der ausgiebigen und intensiven Beschäftigung mit der Astrologie war mir immer daran gelegen, mich diesem geheimnisvollen »Kult« auf verschiedenen Ebenen zu nähern: auf einer leichten, unterhaltsamen in manchen journalistischen Beiträgen und auf einer ernsthaften, in die Tiefe führenden in meinen Büchern. Die populäre, eher spielerische Variante, wie sie Zeitungen oder Zeitschriften präsentieren, rückt die astrologischen Gegebenheiten ins Bewusstsein der Leser, macht neugierig und bewegt den einen oder anderen dazu, sich näher damit zu befassen. Die Astrologie scheint ohnehin eine ausgesprochen volkstümliche Komponente zu haben. Ich bin immer wieder erstaunt, dass eigentlich jeder, egal, ob er sich mit ihr beschäftigt hat oder nicht, gleich mitreden kann. Er »weiß« etwas über den Widder, den Stier, den Zwilling oder die Jungfrau. Ich bin überzeugt, dass es diese Nähe zum Alltag und Normalen ist, die die Astrologie letztendlich unverwüstlich gemacht hat.

Ich habe Psychologie studiert und war zehn Jahre lang als Psychotherapeut aktiv. Mein Wechsel zur Astrologie geschah langsam und voller Skepsis. Wie jeder denkende Mensch ist auch mir ein Zusammenspiel von kosmischen Bewegungen und menschlichem Sein nahezu unvorstellbar. Aber ich wurde immer wieder eines Besseren belehrt: Es existieren Parallelen respektive Analogien zwischen »oben« und »unten«. Doch diese Verbindung ist nicht fest oder mechanisch. Es gibt Widersprüche, Ausnahmen, Irrungen und Verwirrungen. Jeder, der sich tiefer mit der Astrologie beschäftigt, betritt früher oder später einen Raum, der voller

Wunder, aber auch voller Rätsel ist. Aus einem Horoskop lassen sich unglaubliche Schlussfolgerungen ziehen, die zum Beispiel einem Psychologen – wenn überhaupt – erst nach langen Explorationen zugänglich werden. Ein Horoskop beleuchtet das Wesen eines Menschen, offenbart seine Herkunft, seine Stellung in der Welt und seine Zukunft. Dennoch steht man auch immer wieder vor Abweichungen und Ausnahmen.

»Astra inclinant, non necessitant«, zu Deutsch: »Die Sterne machen geneigt, doch sie zwingen nicht.« Dieses berühmte und beflügelnde Zitat, das Thomas von Aquin (1225–1274) zugeschrieben wird, hat mich immer bei meiner Arbeit begleitet. Heute würde ich es sogar folgendermaßen umformulieren: »Die Sterne lösen Rätsel und decken Geheimnisse auf. Aber sie schaffen auch viele neue …«